子育てに効く
マインドフルネス

親が変わり、子どもも変わる

山口創

光文社新書

はじめに

楽しめるはずの子育てが、不安で辛いものになる理由

子育ては、本当に楽しくて、充実している。

いつもそう思っている方はどのくらいいるだろうか。

生まれてきた我が子をはじめて抱いた時には、腕に感じたそのぬくもりや重みに胸がいっぱいになり、元気でいてくれればそれでいいと思ったはずだ。これからたくさんの時を一緒に過ごし、成長を見守っていくことが楽しみで仕方なかったはずである。

しかし時が経つにつれ、そんな思いは薄れ、日々の生活の中で、思い通りにならない子どもへのいらだちや、将来への不安、周囲との比較からくる焦りなどに変わってしまっていることはないだろうか。

もし親が、子育ては辛い、苦しい、という思いにとらわれてしまっていたとしたら、せっかくの子どもとの関わりから、幸福感や満足を感じられなくなってしまうばかりか、子どもにとっても、ありがたくない結果を生んでしまうだろう。

世の中の多くの子育て中の人にとって、人生のかなりの時間と労力を費やしておこなう子育ては、もし親が「自分中心」に考えたとすれば、まぎれもなく自己犠牲的な行為である。親からしてみれば、「自分の時間が奪われる」「やりたいことができない」ということになり、ボランティア精神でもないとやっていられないかもしれない。

ましてや、今では、働く母親も増えている。ただでさえ、家で過ごす時間は少ない中で、その少ない時間をどのようにやりくりして日々をこなしていくかで大変な思いをしている。また、外で働かずに子育てに専念しているように見える母親でも、地域のことや親の介護、学校や幼稚園の役員など、さまざまな仕事に時間を割かなければならない。

そうした忙しい日々の中で、もし「子育ては大変だ」という気持ちばかりが先に立って子どもと関わっていたとしたら、親にはますます、「子どもと過ごす時間を早くやり過ごしたい」「子どもと離れて自由な時間が欲しい」などという思いばかりが募ってしまうだろう。するとせっかく子どもと関わっていても、頭の中では他にやりたいことや、次にやらなければならないことばかりを考えてしまい、肝心の目の前の子どもに、「心ここにあらず」の状態で関わることになってしまう。

本書では、子どもとの関わり方にちょっとした工夫をすることで、子育ての辛さが激減するだけでなく、忙しい毎日の中で、不安に振り回されず、子育てによって日々を生きることの充実感が増してくるような方法を紹介しようと思う。それはうまく活用すれば、子育てだけでなく、仕事やそれ以外の活動にも、良い影響を与える方法である。

思い悩む脳の活動は20倍のエネルギーが消耗される

これまで、私たちの脳は、仕事をしたり、おしゃべりをしたり、ご飯を食べたりといったように、意識的に「何かをやっている」時にだけ活動していて、何もせずにただぼんやりしている時には、活動せずに休んでいるものだと考えられてきた。

ところが、最近の脳科学の研究から、驚くべき事実が明らかになった。何もしていない安静状態の脳では、重要な活動が営まれていたのだ。

人間は1日のうち、およそ半分の時間を安静状態で過ごしている。この時の脳活動は、「デフォルト・モード・ネットワーク（DMN）」と呼ばれる。

これは、複数の脳領域で構成されるネットワークであり、脳内のさまざまな神経活動を同調させる働きがある。DMNは、脳の内側前頭前野、後帯状皮質、楔前部《けつぜんぶ》、そして下頭頂小葉などから成る神経回路であり[Brewer, 2011]、意識的な活動をしていない時に働く脳のベースラインの活動である。

たとえていえば、車が信号待ちで停止していても、エンジンを切らずにアイドリングしている状態である。これから起こりうる出来事に備えるため、さまざまな脳領域を活動させているのである。

注目すべきは、この脳の「アイドリング状態」ともいえる活動に費やされているエネルギーは、意識的な反応に費やされるエネルギーの20倍にも達するということである。この状態の時、意識は内向きになって、自己にとらわれている。過去に起こった嫌な出来事を思い出してくよくよと悩んだり、将来まだ起こるかどうかわからないことについて、あれこれと心

図１　デフォルト・モード・ネットワークの時に活性化している脳の領域

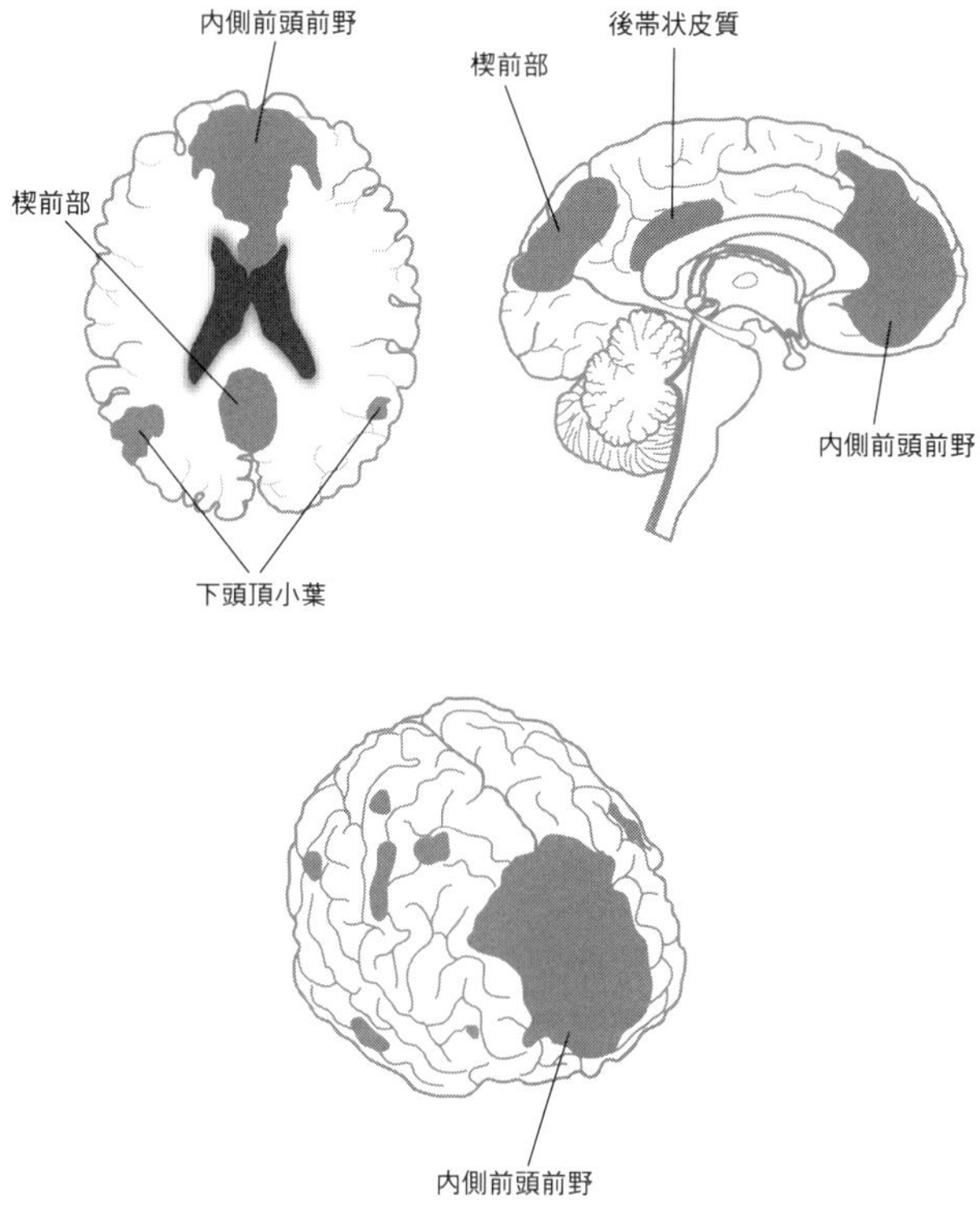

配したりしている。そしてそのせいで、さらに落ち込んだり不安になってくる。こうした内向きの活動に、私たちの脳は余計なエネルギーを莫大に消耗しているのである。

子どもとマインドフルに関わる方が疲れない

本書で紹介するマインドフルネスは、この「DMNの活動を統括する部位」の働きを活性化する。それによって、消費するエネルギーは格段に減るのである。

私の周りの子育て中の人を見ると、子どもと真剣に関わるのが大変だからと、子どもと遊ぶ時も、話をする時も、子どもときちんと関わらないことで、エネルギーの浪費を抑えようとしている人も多い。

しかし事実は逆で、マインドフルに子どもと関われば、脳のエネルギー消費は減らすことができ、脳疲労を抑えることができるのだ。

マインドフルネスはもともと、禅の思想に影響を受けたアメリカ・マサチューセッツ大学のジョン・カバット＝ジン博士が創った瞑想法であり、現在では世界中の人が、ストレスに対処するために、あるいは能力開発のためにおこなっており、その効果に注目し、取り入れる企業も増えている。

マインドフルネスは瞑想に基づいているため、本来であれば、ある程度の訓練が必要であり、たとえば毎日5分だけでも訓練の時間を持つことで、効果が発揮されてくるものである。

しかし子育て真っ最中の方にとっては、その5分さえも時間がとれないと感じる人も多いだろう。

そのような人にとっては、「マインドフルネス」まではできなくても、心を「マインドフル」にする技さえ知っていれば、かなりの効果が期待できることも事実である。

私自身、二人の娘がいるが、マインドフルネスを応用することで、どれほど考え方が変わり、子どもと関わることが楽しくなったか、言葉に尽くせない思いだ。

親自身が変わり、子どもも変わる

親が子どもを変えようとしても、それは決してうまくはいかない。

たとえ一時的に変わったように見えても、それはじつをいえば、親を恐れているとか、親に褒《ほ》められたいとか、そうした表面的な理由で変わっているだけのことがほとんどだ。

そういった変化は、長くは続かない。子どもは実に忘れっぽい動物だからだ。

そうではなく、今、ここにいる親自身が、変わることが先である。そうすれば、それに対《たい》峙《じ》する子どもも、自《おの》ずと変わっていく。「子どもに変わってほしい」と思ったら、まず親自身が変わることが先決なのだ。

さらに、親だけでなく、子どもたちにもマインドフルネスの実践をすることで、子どもたち自身の日々の生活態度や勉強への姿勢がどんどん変わってくるのを私は実感している。小学生のうちからマインドフルネスの練習をすることを、少しずつでも気にかけていれば、しだいに注意の集中ができるようになる。すると、勉強ができるようになるばかりか、自分自身の感情に気づきやすくなり、ストレスに負けない心を作ることにつながっていく。

こうして、家族でマインドフルに生活をするようになれば、家庭内の雰囲気は、冷たくギスギスしたものから、温かく、思いやりや愛に満ち溢《あふ》れたものに変わってくるだろう。

そのことをより実感していただくために、本書では、最後に「慈悲の瞑想」のやり方も紹介した。

　これは、とくに子どもとの関係や夫婦関係を、より慈愛に満ちた温かい関係にするための、即効性のあるやり方である。関係の悪い家族、たとえば姑《しゅうとめ》や舅《しゅうと》などのように、苦手な人や嫌いな人に対しても実践してみると、自分自身の気持ちがとても楽になる効果がある。

ぜひ、あわせて実践してみていただけたらと思う。

目次

はじめに　3
楽しめるはずの子育てが、不安で辛いものになる理由　3
思い悩む脳の活動は20倍のエネルギーが消耗される　5
子どもとマインドフルに関わる方が疲れない　8
親自身が変わり、子どもも変わる　9
第1章　マインドフルネスとは何か――21
（1）マインドフルネスとは何か　22
心ここにあらずの子育て　22
他のことを考えていると下がる幸福度　24
マインドフルネスとは　26

「思考でいっぱい」の頭の中＝「無知」 28
「マインドレス」な状態の問題点 29
言葉の力、思考の陥穽 30
マインドフルネスの実践――感じ、ラベリングする 34
マインドフルネスの要素 36
必要なのは「メタ認知の力」と「評価しない力」 39
ありのままに観察し、受け入れる――全身でハグをするということ 41
心の２つのモード――「問題解決モード」と「夕陽モード」 43
怒りを感じても大丈夫 45
（2）効果のメカニズム 47
《脳の変化》 48
◇前帯状皮質の活性化 48
◇背外側前頭前野の活性化 49

◇後帯状皮質の沈静化　50
◇大脳皮質が厚くなる　51
◇扁桃体の縮小　52
脳の可塑性——脳は使い方を変えると、構造も変わる　53
脳にコントロールされるのではなく、脳をコントロールする　56
《身体的な変化》　58
◇ストレス軽減　58
◇抑うつへの効果　59
《心理的な変化》　59
◇セルフコントロール力との関係　59
（3）マインドフルネスのやり方　60
マインドフルネス・ストレス低減法（ＭＢＳＲ）　61
○呼吸法　62

○食べる瞑想　63
○静座瞑想法　64
○ボディ・スキャン　65
○歩行瞑想法　65
○日常瞑想訓練　66

第2章　マインドフルネス子育て――69

（1）マインドフルネス子育てとは　70
子育てで大切な2つのこと　70
子どもの心に気づくこと　73
自分の心に気づくこと　74
2つの気づきが得られるマインドフルネス　77
心の「自動操縦状態」――脱するのは難しい　79

家族のコミュニケーションも自動操縦状態　80
現代の親に多い2つのタイプ　84
①子どもと密着しすぎる溺愛タイプ　84
②子どもとの関係が希薄な放任タイプ　85
2種類の注意の向け方　86

（2）マインドフルネス子育ての訓練　89

マインドフルネスを集中して訓練する　89
①ノンストップの実況中継　89
②スローモーション　91
③ストップモーション　92
日常でマインドフルになる練習——イライラした時は実践のチャンス　94
ストレスに直面した時のテクニック　96
【3分間呼吸法】　96

コミットメント（積極的に取り組むこと）を大切にする――ACT　98
価値とは何か　100
自分の価値観を明確化する　102
苦痛を回避するのではなく、コミットメントを増やしていく　105
MAP（マップ）を具体的に作り、用いる　107
（3）マインドフル子育ての効果　110
◇次元1「注意を向けて傾聴すること」による効果　110
◇次元2「自分と子どもを価値判断せずに受容すること」による効果　113
◇次元3「自分と子どもの感情への気づき」による効果　114
◇次元4「感情と距離を置いてセルフコントロールすること」による効果　115
◇次元5「自分と子どもへの共感」による効果　115
発達障害の子どもの親へのマインドフルネス　117
自閉スペクトラム症の子どもの攻撃性と自傷行為の減少　118

第3章　子どももできるマインドフルネス――121

子どもは基本的に「マインドフルな状態」で生きている　122
考えすぎない＝マインドフル、というわけではない　123
子どもの最大のストレスの原因は、親のストレス　125
子どもへのマインドフルネスの実践　126
練習法と効果――①健常な未就学児の場合　127
②健常な就学児の場合　130
③不適応のある就学児の場合　135
④健常な中・高校生の場合　138
⑤不適応のある中・高校生の場合　141
子どもへのマインドフルネス――「いろいろなやり方を試してみよう」　144
◇その子にふさわしい活動を選ぶこと　145
◇呼吸の練習をする場合の工夫　146

◇強制してはならない　147
◇親自身もマインドフルネスを体験する　148
【チョコレート・エクササイズ】　149

第4章　マインドフル・タッチング――151

マインドフルネスとタッチングの統合　152
アタッチメント（愛着）とは　153
アタッチメントの4タイプ　154
愛着は皮膚感覚から作られる　155
不安定な愛着は、皮膚感覚を変えてしまう　158
成人のアタッチメント　159
オキシトシンでアタッチメントは安定型になる　163
タッチングでアタッチメントを修正する（「ボトムアップ」の方法）　167
触覚は、命の感覚　169

マインドフルネスでアタッチメントに気づく（「トップダウン」の方法）　171
マインドフル・タッチングの提唱　173
マインドフルネスと「手当て」の併用で大きな効果　175
タッチングの際は、子どもがじっとしていなくてもよい　176
子どもは触覚を使うとマインドフルになれる　178
マインドフル・タッチングが子育て脳を鍛える　179
マインドフルネスの助けとして――「慈悲の瞑想」　181

主要引用文献　190

第1章　マインドフルネスとは何か

（1）マインドフルネスとは何か

心ここにあらずの子育て

人は普段、自分が今していることに意識を向けていることが、どのくらいあるだろうか。子どもの姿を目で追いながらも、心はそこにあらずで、他のことを考えているようなことが多いのではないか。

とくに現代という、スピード感が重視され、何事も効率良くこなすことをよしとする社会では、自分が今していることよりも、むしろ、次に何をすべきかということを、絶えず考えざるをえないのではないだろうか。そのような能力が社会の中で必要とされているからだ。

しかし、子育てには、まるでそれは当てはまらない。

子どもは実にゆっくりと成長していく。親がしてほしいことはまずしてくれないし、してほしくないことばかりする。親とはまったく異なる思考の原理に従って生きているのだから、仕方がない。

子どもの思考の原理は、動物の行動原理とも共通している「快」の原則だといえよう。「楽しいか―楽しくないか」「おいしいか―まずいか」などの、「快―不快」を行動の原則にしている。それが子どもだ。

子育てにおいては、とかく親が子どもを「自分の所有物」であるかのように思ってしまいがちだ。だから子どもが思う通りにしてくれないと、腹が立つし、ストレスになる。

だからこそ、親は「子どもの成長に寄り添う」というスタンスが必要になる。

そして同時に私たちは、ある意味では子どもを見習う必要もあるのだ。

子どもはつねに、「今、ここ」で起きていることに注意を向けている。つまり、この本のテーマでもある「マインドフル」な状態で生きているのだ。子どもたちは、たとえ大人から見ればどんなに時間がない時でも、また、大人から見ればどんなにつまらない虫や雲にでも、目の前のものに注意を集中していることに気がつくだろう。とくに幼い子どもほど、過去のことや未来のことを考えていることなど、少しはあったとしても、ほとんどないはずだ。

子どもはまぎれもなく「今、ここに生きている」のだ。

だから子どもたちは、大人の私たちよりも、はるかに密度が濃くて充実した時間を生きている。この点は子どもを見習わなくてはいけないと思う。

他のことを考えていると下がる幸福度

年をとるほど、1年が早く感じられるという経験はないだろうか。その理由は、年をとるほど、「今、ここ」に生きていないから、に他ならない。「今、この瞬間に」「今、ここにないこと」ばかりを考えていれば、当然のことながら、「今」の時間は意識されずに、あっという間に過ぎ去ってしまう。

そしてこのことは幸福とも直結している。

ハーバード大学の心理学者マシュー・キリングワースとダニエル・ギルバート[Killingworth, Gilbert, 2005]は、18歳から88歳までの2250人を対象に、「どんな時に幸福を感じるか」を調査した。参加者には、スマートフォンを通して、ランダムな時間に以下のような質問を届け、それに即座に答えてもらった。

１．今、幸福を感じているか？
２．今、何をしているか？
３．今、取り組んでいることに集中していたか、他のことを考えていたか？

すると、参加者のうちの46・９％が、「今、取り組んでいる物事以外のことを考えていた」と答えたという。

そしてまた、取り組んでいたことが何であれ、「他のことを考えていた」時ほど、「幸福度は下がった」のだ。

また、たとえその「他の考え事」が楽しいことであったとしても、目の前の物事に集中して取り組んでいた時と比べると、やはり幸福感は低かったという。

つまり、この調査によれば、人は、食べたり歩いたりして過ごす時間のほぼ半分を、「他のこと」を考えて過ごしているということ、そして、そうした「心ここにあらず」の状態で物事に取り組むと、幸福を感じにくいということになる。

マインドフルネスとは

「今、ここで起きていることに注意を向け、さらにそれに対して評価を加えずに受け入れる状態」のことを、「マインドフルネス」という。

マインドフルネスは、ストレス対策などへの有効性から、今注目の心理療法として取り上げられることが増えているが、一般的な心理療法とは異なり、マインドフルネスでは、ストレスや抑うつ、不安などのネガティブな感情をなくそうとはしない。

なぜなら、「ネガティブな感情は悪いものだから」といって、無視したり抑え込んでしまおうとすると、かえってその苦痛を強めてしまうからである。

日本マインドフルネス学会では、マインドフルネスを、「今、この瞬間の体験に意図的に意識を向け、評価をせずに、とらわれのない状態で、ただ観ること」と定義している。

「観る」の意味は、見る、聞く、嗅《か》ぐ、味わう、触れる、さらにそれらの行為によって生じる心の働きをも観る、という意味である。

この定義からは、マインドフルネスには、2つの要素があることがわかる。

第1は、「今、ここで経験していることに対する『気づき』」であり、第2は、「気づいたことを『受け入れる』という態度」である。

これらの要素は、２６００年前に、ブッダが人生の苦悩から解放されるための要《かなめ》として提唱した、心の持ち方や存在のありようのことである。つまり「今の瞬間の現実に、つねに気づきを向け、その現実をあるがままに知覚して、それに対する思考や感情にはとらわれないでいること」を意味している。

その起源は、座禅の瞑想にある。マサチューセッツ大学のジョン・カバット＝ジン博士は、禅の「思想としての部分」と、「瞑想のテクニック」の部分を分けて、そのテクニックの部分を「マインドフルネス・ストレス低減法」として体系化した。

このプログラムは、現在は心理療法だけでなく、痛みの低減法や、ストレスを抱える患者の治療などに、幅広く応用されている。また近年では、ビジネスの分野でも注目されている。グーグルやゴールドマン・サックスなどの企業では、仕事のパフォーマンスの向上や、人間関係の改善に効果があるとして、用いられている。

「思考でいっぱい」の頭の中＝「無知」

では、「マインドフルネスの状態」とは、いったいどんな状態なのか、見ていこう。

私たちは、毎日、ほとんどの時間を、何かを考えながら過ごしているだろう。このような思考は、とくに意識することもなく、無意識のうちに頭に上がってくるものなので、「自動思考」ともいわれている。

しかし時々、ハッと我に返って、現実に注意が向かうことがある。これは私たちが、「思考が作り出すフィクション（虚構）」の世界から抜け出して、「今、ここ」の現実と接触したことを意味している。

思考やイメージというのは、次々とつながっていくので、やがて頭の中が思考でいっぱいになってしまう。そしていつのまにか、現実ではなく、仮想のイメージの世界で起きることに対して、不安になったり、くよくよと悩んだり、落ち込んだりしてしまう。

このような状態では、目の前の現実が見えていないことになる。たとえていえば、空想癖のある人が、現実を生きていないことと似ている。多くの人が、多かれ少なかれ、そのような時間を過ごしているのだが、私たちは多くの場合、そのこと自体にも気づいていない。

このように、「今、ここ」で起きている現実との接触が失われ、なおかつそのことに気づいてもいない状態のことを、仏教では「無知」という（マインドレスともいう）。

「マインドレス」な状態の問題点

ではなぜ「マインドレス」な状態に問題があるのか、もう少し考えてみよう。

たとえば、子どもに話しかけた時に、子どもはテレビを見ながら、心ここにあらずの状態でぼんやり聞いているとしよう。

子どもは、「うん」とも「すん」ともつかない適当な返事ばかりしてくる。これでは親の方は、「ちょっと、私の話をちゃんと聞いてよ！」と言いたくなるだろう。夫が新聞を読みながら、生返事をしてくる時も同じだ。自分は相手から大切にされていないと感じるにちがいない。

ところが振り返ってみると、私たちが「自分一人だけでいろいろと考えている時」というのも、じつは自分自身に対して、これと同じようなことをしてしまっているのである。

私たち一人ひとりの人生が、幸福を追求していくためのプロセスであると考えれば、「今、ここ」をおろそかにしていることは、人生を無駄に過ごしていることになってしまう。

学生時代には、毎日一生懸命に勉強をして、社会に出てからは、目の前の仕事をひたすらこなし続け、子育てが終わったら……、もうあっという間に何十年も経ってしまっていた。残りの人生はあとわずかしかない。年をとってしまった自分には、好きなことなど何もできない……などと思い悩むとしたら、やはり不幸であろう。

マインドフルネスとは、そんな不本意な時間を積み重ねるような人生を送るのではなく、目を覚まして、「今、ここ」の現実と直接接触し、その瞬間を十分に生きていくための方法だということになる。

言葉の力、思考の陥穽

それでは、人がマインドフルになるのを妨げている「思考の働き」について考えてみよう。

そもそも私たちは、目の前にある問題に対して、さまざまなことを「言葉」で考えることで解決している。そして新しいことを思考して創造することで、現代の文明を築いてきた。

図2　物と名前の双方向性

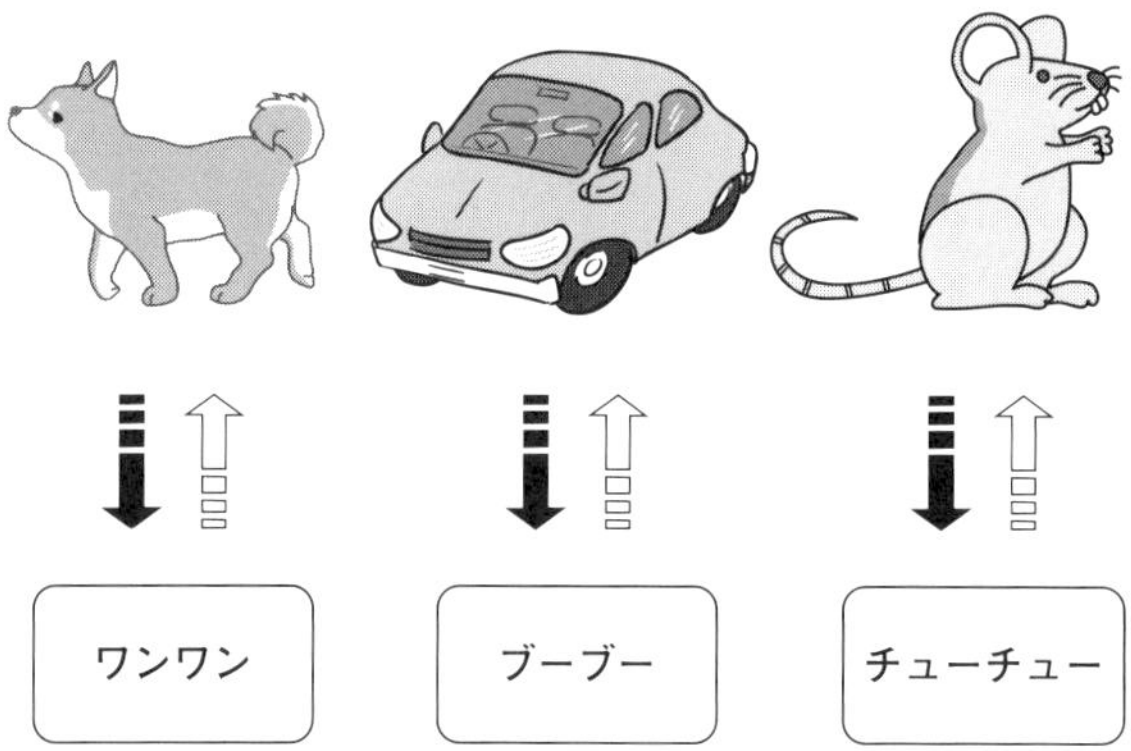

しかし同時に、私たちが言葉を使って思考できるようになった結果、しだいにさまざまなことをすべて「思考」で解決しようとするようになった。いずれにせよ、思考とは、人間を人間たらしめている心の働きであるといえる。

さて、ここで言葉には、「対象との双方向性」という性質がある。これは、私たちが何かに名前を付けたとすると、今度はその名前を聞いただけで、自動的にその対象が頭に浮かぶようになることをいう。

たとえば1歳の子どもに、物の名前を覚えさせるとしよう。

この時、図2のように、イヌ（ワンワン）、車（ブーブー）、ネズミ（チューチュー）を覚えさせるとする。

「これは、ワンワンって言うんだよ」

「すごいね。ワンワンが言えたね！」

こうした繰り返しをとおして、子どもはほどなく3つの名前を覚えるだろう。

そこで今度は、「ブーブーはどれかな？」と聞いてみる。するとこちらもほどなく、名前から絵を答えられるようになるだろう。

こうした光景は、多くの家庭で、ごく当たり前のように見られる。しかしそれは、決して「当たり前のこと」などではないのである。はじめに子どもが覚えたのは、図2の黒の矢印で示したような、「物を見てその名前を言う」という関係性だった。

しかし次に尋ねたのは白の矢印、すなわち「物の名前を聞いて、それが意味するものを答える」という、まったく逆の関係の学習である。この関係を、直接学習していないのに、すぐにやってのけてしまうのが、人間なのである。

それではなぜ、人間にだけそのような学習ができるのか。

人間は、幼少時に物の名前を覚えていく際に、頭の中で必ず、両方向性の学習を繰り返している。つまり、まずは物の名前を繰り返し聞くことで覚え、それができるようになると、次に、名前を聞いた時に物を当てられるようになるのだ。この作業を何度も繰り返すことによって、物と名前を双方向的に関係づけていくことができるようになる。

一度この双方向性が成立すると、今度は、頭の中で「言葉」を思い浮かべるだけで、それが指し示す内容も「頭に思い浮かんでくる」ようになるのである。

つまり、言葉を使うようになった人間は、現実の世界と、言葉が作り出すバーチャルな世界の両方の世界に暮らしていることになる。このような言葉の力のおかげで、私たちは見たこともない恐竜の姿を思い描くことができるし、その体重や大きさ、食べる物や生活様式にいたるまで、詳細に思い描くことができるのである。

しかし同時に、言葉の力を手に入れたことで、私たちは、バーチャルな世界と現実の世界の区別がつかなくなるといった陥穽《かんせい》に陥ってしまう。つまり、いったん何かを考え始めると、そこから次々に連想が広がって、考えが止まらなくなってしまうということが起こるのである。

そうなると、思考が作り出すバーチャルな世界を、現実で起きていることのように感じてしまう。そして、どこまでが頭で考えていることで、どこからが現実なのかが、しだいにわからなくなってしまうということが起こる。最近の研究では、あるシーンを繰り返し想像すると、それが本当に起こった事実だと思い込んでしまうこともわかっている。

マインドフルネスの実践——感じ、ラベリングする

それでは、つねに言葉を使っている私たち人間は、どのようにしてバーチャルな世界から抜け出して、「今、ここ」で起こっている現実と触れ合うことができるのだろうか。

私たち人間は、自分と環境との関係をつねに把握しておく必要があり、それは五感を通しておこなっている。

だから、この「五感を通して環境を把握した」瞬間の段階、つまり「感じた」段階で、すぐに思考の働きを止める、ということを目標にしていくのである。

たとえば、呼吸に意識を向ける練習では、息が肺に入っては出ていくのに合わせて、膨《ふく》らんだり縮んだりする身体感覚に注意を向ける。そして、「膨らむ、膨らむ、縮む、縮む……」と、心の中で言葉を唱えて、身体に起こっていること、感じられることを、ラベリングしていくのである。

そのうちにどこかがかゆくなってきたとしたら、「かゆみ、かゆみ」とラベリングして、また呼吸に伴う身体感覚に注意を戻す。

あるいは、何かを考え始めてしまっていることに気づいたら、「雑念、雑念」とラベリングをして、その後呼吸に注意を戻すのである。

しかし、実際には、思考に流れて考え始めてしまい、それによって、欲、怒り、混乱などの感情が動き始めてしまうこともある。

その場合にも、気づいた時にラベリングをして、それから呼吸に注意を戻す、というやり方で対応していく。

ここで大事なポイントは、決して「呼吸をコントロールしない」ということである。つまり、ある種の呼吸法のように「数秒吸って、数秒かけて吐く」というようなことは目指さない。マインドフルネスでは、変えることのできない現実をありのままに観察し、そのままにしておくことを目指しているからである。五感で感じていることに気づきを向け、それに対してラベリングすることではじめて、「今、ここ」の現実と確実に接触できるようになるのである。

しかしそれでも、ラベリングするという行動には、特定の刺激に注意を集中して、それをコントロールしようとする思考が働いてしまう。

そのため、マインドフルネス瞑想の後半では、「自分の外にある現実のさまざまな側面に、注意を分散するように、広く注意を向けて、そこで気づいたものをそのままにしておく」という方法をとるようにする。

マインドフルネスの要素

マインドフルネスの研究者の杉浦［杉浦（2008）］は、マインドフルネスでは3つの要素が重要だとしている。

1. 「今、ここ」での経験に、
2. 評価や判断を加えることなく、
3. 能動的な注意を向けること。

この中で、とくに3の「注意のコントロール」（能動的な注意を向けること）が重要であると考えられている。それは2の「距離を置くスキル」（評価や判断を加えないこと）を支えているためである。

実際に、次にご紹介するウェルズ［Wells, 1990］の研究では、とくに意味のない（ニュートラルな）音に能動的に注意を向ける練習をするだけで、不安や抑うつが低くなることを明らかにしている。

この実験では、参加者に6週間の間、毎日2回ほど、近くで聞こえる物音と、遠くで聞こえる物音に、それぞれ注意を向ける練習をしてもらう（次頁のイラスト）。

そして最後には、耳に聞こえるすべての音だけでなく、自分の身体の内側で聞こえる音にまで、万遍なく注意を向けてもらうようにする。1回15分程度は集中して、注意のスイッチングをおこなうようにした。

なぜこのような練習に効果があるのだろうか。

抑うつの高い人や不安の高い人、あるいは怒りや悲しみを感じている人というのは、自分のネガティブな考えや感情に注意が向きやすい。内面のネガティブな側面に注意を向けるほど、その感情が強まっていくのは、誰もが経験したことがあるだろう。

これを「注意と感情の悪循環のサイクル」という。

それゆえ、このサイクルを断つためには、注意を外に向ければよいことになる。

・近くで聞こえる物音、遠くで聞こえる物音に、
それぞれ注意を向ける練習をする

・自分の身体の内側で聞こえる音にも
注意を向ける練習をする

これらを、毎日2回、1回あたり15分ほどおこなう
（[wells, 1990]による研究）

注意をコントロールする力というのは、身体の動きをコントロールする筋肉のように、鍛えなければ身につかない。そこで、注意をコントロールする力を付けるために、聴覚を使って、音に注意を向けるように練習するのである。

ちなみに、聴覚よりも、触覚に注意を向けた方が、より効果があるのだが、そのことについては第4章で詳しく述べることにしよう。

いずれにしても、この練習を家で6週間続けてもらったところ、ほとんどの患者で、抑うつが低下し、不安も低下した。そして自分の行動を、一つ上の次元から見つめる機能である、「メタ認知」の機能も高まっていた。

そしてこの効果は、練習が終わった1年後に測っても、続いていたのである。

必要なのは「メタ認知の力」と「評価しない力」

この実験からわかるのは、注意をコントロールする「メタ認知」の力を付けることが、マインドフルネスの状態になるためには必要不可欠な要素だということである。

そしていったんメタ認知の力を付けたならば、自分の感情や思考と距離を置くことができるようになる。メタ認知の力によって、自分が感じている感情や考えていることを、一つ上の次元から見つめることができるようになるからである。

たとえば、子どもを感情的に叱りつけたい衝動に駆られたとしよう。この時、メタ認知の力が強ければ、自分が置かれた状況を上の次元から見つめることができ、「自分は今、不快な気持ちを子どもにぶつけようとしている」などと客観的にわかるようになる。

そうすると、感情に任せて子どもを叱るようなことは思いとどまって、別の方法で、子どもに良いことと悪いことを言って聞かせてみようとすることができるようになる。

さらに、この時、「自分の感じていることや考えていることに対して、評価をしない」という態度を身につけることがポイントである。

良い・悪いという評価をするということは、必然的に「言葉」を使うことになる。そのように、自分の感情や思考、あるいは他者や環境にあるものを、すべて「言葉」で評価しようという態度を持っていると、その人は体験したすべてのことを、「良い—悪い」という、たった一つの次元だけで見ることになるのである。

この態度では、体験そのものが本来持っている豊かで深いレベルで理解するのを妨げ、狭く偏屈な見方でのみ見ることにつながってしまう。

たとえば、大人でもよくいるが、人を見る時にその人の学歴（偏差値）ばかりにとらわれている人がいる。その人は、相手を出身校という一つの次元だけで見て、評価しているのであり、相手の人間性や社会性、教養や優しさなどの、豊かで深い理解を放棄してしまっているのである。

子どもを見る時にも同じだ。評価するということは、「聞き分けが良い―悪い」「勉強ができる―できない」などといった、単一の次元のみにとらわれることに他ならない。

ありのままに観察し、受け入れる――全身でハグをするということ

私たちは子どもを、ありのままに観察することでのみ、その子の持つさまざまな側面に気づくことができる。

たとえば、「勉強はできないけれど、よく気がつく子だ」といった評価ができれば、少しはましかもしれない。しかしそれとて、まず「勉強はできない」などと評価を下して、決めつけているわけである。

親からそのようなレッテルを貼られると、子どもは「自分は勉強ができないんだ」と自分

自身にレッテルを貼ってしまう。そうすると、自分自身で無意識のうちに、本当にそうなるように行動してしまうということが起こる。

これを「自己成就的予言」という。

だからこそ、子どもに対しては、決してレッテル貼りをしてはいけないのだ。マインドフルな状態になるとは、「完全に無評価になる」ということだ。良い面、悪い面といった思考は働かせずに、すべて評価せずに受け入れるということだ。そういう態度をとることではじめて、子どもに偏見なく接し、目の前の子どもを十分に理解できるようになるのである。

そしてまた、子どものすべてを受け入れる、という態度であるが、これは「子どもを全身でハグする」ということだと考えればわかりやすい。

目の前の子どもを、何も評価せずに、ただハグしてあげてほしい。それは子どものためばかりではなく、自分自身のためでもある。

子どもを産んだ日から今日まで、苦労をしつつも頑張って、子どもをここまで育ててきた。そんな自分自身を受け入れてあげてほしい。

子どもを抱きしめることは、自分自身へのご褒美だ。抱きしめながら、自分がここまでやってきたことすべてを受け入れてほしい。

心の2つのモード――「問題解決モード」と「夕陽モード」

最近、自分自身のことを受け入れられずに、責めてしまう母親が多いと感じる。「子どもの聞き分けがないのは私（母親）のせいだ」とか、「抱っこをしても嫌がるのは、私の育て方が悪かったせいだ」といった具合だ。

果たしてそうだろうか？

私の立場からすると、「聞き分けがないからこそ、子どもなんだ」「抱っこを嫌がるのは、自立心が芽生えた証拠である」と解釈できる。

たしかに「子どもに聞き分けが良くなってほしい」「抱っこを好きになってほしい」という母親の気持ちもわかる。しかし、それはあくまで、母親の側の「願い」である。

こうした場合は、子どもに「理想」と「現実」を設定してしまい、「現実」を「理想」に近づけようという「問題解決モード」をとってしまっていることがわかる。

問題解決モードの場合、「どうしたら問題を解決できるか？」という「How to」の考え方になってしまっている。子育ての悩みというのは、たいていがこのパターンである。子どもの行動を「問題」として捉え、「それを解決したいのだが、どうしたらよいかわからない」という悩みなのである。

しかし、これでは半永久的に悩みは解決しないだろう。子どもというものは、成長しながら、次から次へと「悩みの原因」を作ってくるものだからだ。

それに対して、心にはもう一つ異なるモードがある。「夕陽モード」である。

私たちは、きれいな夕陽を見た時、あるいは美しい音楽を聴いた時、それに見とれてしまったり、聞き惚れてしまったりするだろう。つまり、「それ自体に注意を向けて味わう」という反応をとる。「夕陽はなぜ美しいのだろう」とか、「この音楽はなぜ心を捉えるのだろう」というふうに、分析的に考えることはあまりないだろう。

マインドフルネスでは、「問題解決モード」ではなく、「夕陽モード」で物事を捉えることを目指す。そして、その時に生じた自分の気持ちを、決して評価したり否定したりしないようにする。

子育て中の人であっても同じだ。日常生活で、つねにマインドフルの状態になることができる。

オムツを替える時であれば、オムツの感触、赤ちゃんの肌の温もり、くるくる変わる表情の一つひとつに意識的に注意を向けてみる。散歩をする時は、手を握る小さな手の柔らかさ、楽しそうにお話をする子どもの声、それ自体に注意を向けてみる。

「心ここにあらず」ではなく、「心を込めた」時を過ごしてみる。そんな「マインドフルな時」を過ごそうというわけだ。

怒りを感じても大丈夫

さらには、「子どもが聞き分けがない」というような怒りや不安、ストレスを感じた時にも同じことがいえる。

マインドフルネスでは、そのような状態をありのままに観ることから始める。そして分析的に解決策を考えるのではなく、目の前の子どもに注意を集中する。そして、それが現実の我が子なのだと受け入れるのである。

すると何かしらの感情が生まれてくるであろう。それはやはり、怒りだったり悲しみだったりするだろう。あるいは「自分は母親失格だわ」といった思考かもしれない。

そこでそれらの感情や思考から、距離を置くようにしたい。

まずは、「私は怒りを感じている」「私は母親失格だと考えている」といったように、ラベリングをしてみよう。このように捉え直すことは、注意を、「子どもの行動」から「自分の感情や思考」に移す訓練になる。それと同時に、それらを客観化できる。客観化できれば、それらのネガティブな感情や思考に巻き込まれずに済む。

たとえていえば、竜巻がやってきた時に、竜巻（感情の渦）に巻き込まれて外が見えなくなるか、竜巻を外から見るかの違いである。竜巻に巻き込まれてしまっていると、怒りや落ち込みなどのネガティブな感情はますます強くなってしまう。

すると、「そうだ、あの時も言うことを聞かなかったよね」などというように、その時とは関係のない過去の出来事まで持ち出してきて、さらに強く叱りつけるようなことをしてしまう。すると子どもはそれで心を閉ざしてしまい、母親への信頼関係が傷つき、ますます言うことを聞かなくなる、という悪循環に陥ってしまうだろう。

こうしたことにならないためにも、親は、自分の感情や思考を客観的に見ることが重要なのだ。繰り返しになるが、その時のポイントは、決してその時の自分の感情や思考に、「良い」「悪い」といった価値判断をしないことである。ただあるがままに、今感じていることや考えていることを、ラベリングして受け入れる作業を繰り返すのである。

（2）効果のメカニズム

次に、このようなマインドフルネスの実践が、なぜ効果を生むのかを見ていこう。

さまざまな研究の結果から、マインドフルネスを実践すると、脳レベルでさまざまな変化が生まれることがわかってきており、また、身体的、心理的な効果も確認されている。

「脳の変化」「身体的な変化」「心理的な変化」の順に見ていこう。

《脳の変化》

◇前帯状皮質の活性化

「前帯状皮質（ＡＣＣ：Anterior Cingulate Cortex）」という部位は、脳の中の活性化する部位をスイッチングする役割を持っている。マインドフルネスを実践することで、この部位自体が活性化することが、実験でわかっている。

ＡＣＣは自己制御力に関わっている。つまり、自分の注意と行動の対象を意図的に決め、その場にふさわしくない反射的な行動を抑え、臨機応変に対応する能力である。ＡＣＣに損傷がある人は衝動性が高く、攻撃的な傾向を抑えにくくなる。

また、ＡＣＣは自己制御力ばかりでなく、過去の経験からの学習をもとに、最適な意思決定を下す能力にも関わっている。

たとえば、子どもがおもちゃで遊んだ後で、約束通りに後片付けをしていない場面を見たとする。「また約束を守っていない。悪い子だ」と思考で判断するとしよう。するとふつふつと怒りが湧いてきて、叱りつけるという行動をとるだろう。これは過去の経験から反射的に起こる思考である。

それに対して、ＡＣＣが活性化すると、「また後片づけをしていない」と思った後で、「悪い行動だ」とは評価せずに、「子どもは今、いったいどんな表情をしているだろうか。この後どうするのか、じっと見てみよう」などというふうに、目の前の子どもの行動や表情をありのままに観察してみるようになるのである。

すると、必ずしも怒りの感情で対応するのではなく、子どもの気持ちが読み取れるようになってくる。

◇背外側前頭前野の活性化

背外側前頭前野（ＤＬＰＦＣ：dorsolateral prefrontal cortex）とは、前頭葉の一部にある部分であり、思考や認知など、知的活動のまとめ役をする重要な部分で、大脳全体の司令塔と呼ばれている。

米国の心理学者、ハセンカンプ［Hasenkamp, 2012］の実験によると、意図的に特定の対象に注意を集中している時には、この背外側前頭前野が活性化していることを突き止めた。

他の研究でも、マインドフルネスをしたグループは、普段の生活でデフォルト・モード・

ネットワークの時に、背外側前頭前野が活動するようになることもわかっている。デフォルト・モード・ネットワークというのは、「はじめに」でも少しご説明したように、意識的な活動をしていない時にあらわれる脳の活動で、車のアイドリングの状態のようなものである。この状態の時、脳の中ではさまざまな雑念が浮かび、それがストレスを生み出すもとになっている。

一方で、マインドフルネスを実践した人は、背外側前頭前野が働くことによって、デフォルト・モード・ネットワークがうまくコントロールされるようになり、ストレスを感じにくい脳になると考えられている。

◇後帯状皮質の沈静化

後帯状皮質とは、脳の真ん中に位置する部分で、過去をくよくよ思い悩んでいたり、心がさまよっている時などに活性化する。後帯状皮質が活性化すると、思い込みや思考にとらわれてしまい、ストレスがたまってしまうことになる。

マインドフルネスの訓練をしている時に、自分の思考や感情、あるいは身体感覚などにとらわれている時と、それらにとらわれずに、現在生じている経験に気づいている時とを比べたファーブ［Farb, 2007］の実験によると、とらわれている時には自己の感覚やストレスを感じる内側前頭前野（ｍＰＦＣ：medial prefrontal cortex）や後帯状皮質（ＰＣＣ：posterior cingulate cortex）の活性が上昇するが、そうでない時には、内側前頭前野や後帯状皮質の活性が低下することもわかった。

マインドフルネスで後帯状皮質が沈静化していくと、ストレスの原因となる「思い込み」や「思考のとらわれ」がなくなり、心に落ち着きを取り戻すことができるのである。

◇大脳皮質が厚くなる

大脳皮質とは、脳の表面にある厚さ数ミリの部分であり、脳の進化においてもっとも新しい部位である。大脳皮質は、さまざまな部位に分類することができるが、そのうちの一つである前頭前皮質は、マインドフルネスによって活動が盛んになる部位である。

アメリカの脳科学者、ホルツェルたち［Hölzel, 2010］は、マインドフルネスによる脳の構造変化について調べた。ｆＭＲＩ（機能的磁気共鳴映像装置）によるスキャンによって、マインドフルネスを実践している人の大脳皮質の厚さを計測し、それをマインドフルネスをしていない一般の人と比較したのだ。

その結果、長い間マインドフルネスをしてきた人は、主に人間らしい高次の思考活動である、判断、決定、計画、識別などをおこなっている前頭前皮質が大きくなっていた。この部分はまた、思いやりや共感、やさしさなどを感じる時に活性化する部分でもある。

したがって、マインドフルネスをおこなうことで、人が現代社会を生きていく上で必要不可欠な能力が磨かれていくといえよう。

◇扁桃体の縮小

また同じ研究で、マインドフルネスを実践している人は、扁桃体が小さくなっていることもわかった。

たとえば、子どもが言うことを聞いてくれなかったりして、つい頻繁にカーッと怒ったりしてしまうようなストレス状況下では、扁桃体が活性化している。こうした反応を「闘争・逃走反応」という。

厳しい生存競争の時代を生きていた私たちの先祖は、危機を乗りこえるために、「闘争・逃走反応」を強く身につけていった。しかし、身に危険が迫るようなことなどほとんど経験しなくなった現代という時代に生きている私たちにも、その反応はまだ残っているのだ。

現代社会では、この闘争・逃走反応は、もちろん、時に役に立つこともあるのだが、一方で、必要のない状況でもこの反応が起こるようになってしまっている。

マインドフルネスをおこない続けると、こうした反応と関わりのある扁桃体が縮小することが確認されているのだ。つまり、闘争・逃走反応が起きにくい脳の構造に切り替わっていくのである。

マインドフルネスは継続的におこなうことで、頭に血がのぼってカーッと感情的になるようなことを、減らしてくれるのである。

さらに、マインドフルネスの訓練中に生じたこれらの変化は、日常生活の中でも継続していることも確かめられている。マインドフルネスの訓練を集中的におこなうことで、日常生活の中でもマインドフルな状態に自然になることができるということだ。

脳の可塑性――脳は使い方を変えると、構造も変わる

以上のように、マインドフルネスをすると、まず脳の使い方が変わっていく。そしてその結果、脳の構造自体が変化してくる。

すると、普段の生活でも、注意が目の前のことに向かいやすくなり、「思考」よりも「感じる」働きが優位になってくるのである。

このように、経験によって脳自体が変化する特徴がある。これを可塑性《かそせい》という。脳は、よく使っている部位は大きくなり、逆にあまり使わない部位は小さくなっていくのである。


マインドフルネスの要素の中で、可塑性と関係が深いものが、「注意」である。

そのことを証明したマイケル・マーゼニックのサルを用いた実験を紹介しよう。

実験では、6週間、毎日100分ずつ、サルにヘッドホンで音を聞かせると同時に、装置を使って指をタップした。

この時、サルを2つのグループに分けた。

一方のグループのサルは、指に感じるリズムが変化した時に、ジュースを与えて、指の感覚に意識を向けるようにさせた。このグループのサルは、必然的に、音には意識を向けなくなり、指の感覚に意識を向けるようになる。

もう一方のグループのサルには、音が変わった時にジュースを与えて、指のリズムではなく、音に意識を向けさせた。

さて、６週間後に、両グループのサルの脳の状態を計測し比較してみた。

実験のポイントはこうだ。すべてのサルに与えられた物理的刺激は、ヘッドホンから流れる音も、タップする刺激も、まったく同じだった。唯一の違いは、ジュースを与えるタイミング（指に感じるリズムが変化した時か、音が変化した時か）の違い、つまり注意を向ける対象の違いということになる。

結果は、指タップの変化によってジュースをもらったサルは、触覚を感じる体性感覚野が拡大し、音の変化によってジュースをもらったサルは、聴覚野が拡大したのだ。

これと同様に、注意のコントロールを重要視するマインドフルネスによっても、脳にさまざまな変化が起こる。

たとえば、多くの人がしてしまっていることだが、過去の嫌な出来事に注意を向けてばかりいると、当然、脳のその部位（扁桃体や視床下部）の活動が活発になり、神経の配列も密になってくる。するとますます、そうした出来事が意識にのぼってきやすくなる。

そこでそうではなく、「今、ここ」で起こっていることに注意を向けるように訓練することで、それに関係する脳部位の活動が高まり、やがてその部位の神経の配列が密になっていく。その結果、「今、ここ」での出来事に注意が向きやすくなる。

脳の神経は、生きている限り発達し続けていく。マインドフルネスをおこなうことで、集中力が増したり、ポジティブな感情をより多く持つ時間が増えたり、さらには脳の老化を遅らせられることも、実証されてきたのである。

脳にコントロールされるのではなく、脳をコントロールする

私たちの普段の行動や感情は、脳にコントロールされている。脳の指令に従って行動したり、感じたりしている。

しかし、マインドフルネスを実践することで、今度は逆に、脳をコントロールできるようになることがわかる。

もちろん、脳をコントロールするやり方は、マインドフルネスに限らない。武術や宗教における修行などはまさに、それを目指したものだ。山修行や滝行などの厳しいものもあるが、そこまでいかなくても、たとえば座禅やヨーガ、太極拳など、心と身体の両面に働きかける方法にはさまざまなものがある。

たとえば、「笑顔を作ると、本当に快適な気持ちになってくる」という「フェイシャル・フィードバック（facial feedback）仮説」というのがある。

私たちは多くの場合、「脳が快を感じると、脳の指令によって笑顔が作られる」と考えている。しかし逆に、笑顔を作ってみると、それだけで「快の感情」が生まれるのである。

つまり、身体の末梢を動かしたり、そこに注意を向けることで、その部位を司《つかさど》る脳自体が変化するのである。

私はこれまで、研究や著書で「子どもはよく触れながら育てることが大事である」と述べてきたが、その理由も同じことだ。

子どものころからよく触れられた子どもというのは、脳内で「オキシトシン」というホルモンが分泌されやすくなる。オキシトシンの分泌によって、親との愛着関係が安定し、人との信頼関係も築きやすくなるように脳が変化することがわかっている。

そしてその変化は、成人後もずっと続いていくのである。

次に、マインドフルネスによって起こる、身体的な変化、そして心理的な変化について見ていこう。

《身体的な変化》

◇ストレス軽減

一般的に、ストレスは免疫系の機能を低下させることがわかっている。

米国の精神神経免疫学のペースら［Pace, 2009］の研究チームは、マインドフルネスがストレスによる免疫低下を減少させることを発見した。

実験の参加者には、まずストレスを与えるために、暗算などの作業を課した。その後、彼らのうちの半数が、6週間のマインドフルネスの講座に参加した。残りの半数は参加しなかった。

実験では、ストレスによって増加する「インターロイキン-6（白血球によって分泌され、細胞間コミュニケーションの機能を果たすもの）」と「コルチゾール（炭水化物、脂肪、およびタンパク代謝を制御するホルモン）」という、免疫機能と関係する体内の物質の量に注目した。

その結果、マインドフルネスをおこなったグループのインターロイキン-6とコルチゾールの量は著しく減少し、同時に、心理的なストレスも50％以上少ないことがわかった。

《心理的な変化》

◇抑うつへの効果

英国の神経科学者、クイケンら［Kuyken, 2015］は、うつ病の患者をランダムに、マインドフルネス認知療法（ＭＢＣＴ：マインドフルネスと認知療法を組み合わせた心理療法）を受けるグループと、薬物療法を受けるグループに分け、治療終了後、２年間にわたり、効果の持続について比べてみた。

その結果、両グループで、２年後の再発率には差は認められなかった。薬物療法は、副作用も大きいことがわかっており、そのことも考慮すると、ＭＢＣＴに分があるといえるだろう。

◇セルフコントロール力との関係

米国の心理学者、ボウリンら［Bowlin, 2012］は、大学生を対象にアンケート調査をおこない、マインドフルになりやすい傾向と、セルフコントロールの力、そして幸福感、不安や苦悩などの関係について分析した。

その結果、日常生活で、「今、ここでしていること」に注意を向けて、自分の気持ちに無評価的に気づくといったマインドフルな傾向が高い者ほど、セルフコントロールの力が高く、幸福感が高いことがわかった。またそのような人ほど、不安や苦悩を感じることが少ないこともわかった。

マインドフルな傾向が高い人は、自分の感情に圧倒されるような受け身的な心の持ち方ではなく、自分の感情を積極的に受け入れているため、自身の行動も、距離を置いて捉えてコントロールできている感覚を強く持っているといえる。

（3）マインドフルネスのやり方

以上、マインドフルネスの考え方や特徴について説明してきた。

次に、その方法について紹介していきたい。
マインドフルネスのトレーニングは、
①五感と自動思考、感情などの、心で起こる事柄に対して、「今、ここ」で注意を向けること。
②注意を向ける事柄に対して、排除しようとしたり同一化したりすることなく、そのままにしておくこと。
の２つから構成されている。

マインドフルネス・ストレス低減法（ＭＢＳＲ）

まずは、注意を一つのことに集中させるトレーニングから始める。ここではジョン・カバットⅡジン博士のＭＢＳＲ（マインドフルネス・ストレス低減法）を紹介したい。

○呼吸法

もっとも基本的な方法である。

仰向けに寝るか、椅子に座った姿勢でおこなう。開眼か閉眼、どちらでもよい。背筋を伸ばして座ったら、腹式呼吸で深い呼吸をする。吐く時はお腹をへこませ、しっかりと息を吐ききり、吸う時は、お腹が大きく膨らむぐらいに吸う。そして、膨らんだり縮んだりするお腹を観察する。

可能な限り、お腹の膨らみ、縮み、膨らみ、縮み……の繰り返しを観察することに集中し、他のことを考えないようにする。

「膨らむ、縮む、膨らむ、縮む……」と、なるべく集中して観察を続けようとしても、どうしても、昔の思い出や、失敗して恥をかいたこと、怒られたこと、嬉しかったこと、悲しかったこと、今後の不安や、将来の夢など、いろいろなことが頭の中に浮かんでくるだろう。

そんな時は、頭の中で浮かんだことについては、気づいた時点で観察し、またお腹の膨らみ、縮み、の観察に戻る。

慣れてくると、余計なことを考えている時間が減り、お腹の膨らみ、縮みを観察している時間が増えてくる。

この時、呼吸をコントロールする必要はない。ただ吸っては吐いてと、鼻を出入りする感覚や、呼吸することで肺が膨らんだり縮んだりする感覚に、注意を向けるのである。

○食べる瞑想

マインドフルネスとはどのようなものであるか、参加者に知ってもらうために適しているものである。

参加者一人ひとりに3粒ずつのレーズンを配る。

最初はまだ口には入れずに、レーズンを観察することに意識を集中し、2～3分間かけて、表面の色や形、匂いや手触りに注意を払って、観察する。

次に、それを一粒ずつ口に入れ、また2～3分かけて、まずは噛まずに、口の中の感覚に意識を向けながら舌でレーズンに触れる。その後ゆっくりと噛んで、味わい、そして飲み込む。

このようにして参加者は、「食べる」という、もっとも日常的で身近な行動を、注意を集中しておこなうことで、自分が毎日の行動を、いかに意識せずに機械的におこなっているか、知ることができる。

○静座瞑想法

椅子に座る、あるいは床に座ってあぐらをかいておこなうもので、次の5つの段階がある。

①一日一回、最低10分間、楽な気持ちで自分の腹部と呼吸に注意を集中し、30分以上座っていられるようになるまで、少しずつ時間をのばす。

②ある程度の時間、呼吸に注意を集中できるようになったら、呼吸と身体の一体感を意識し、呼吸や腹部の周辺にも意識を広げる。

③瞑想している間、音だけを聴くようにする。何の音だなどと判断したり考えたりせず、純粋な音として聴く。

④浮かんでくる思考や感情に注意を向けるが、それらに引き込まれずに、それが浮かんでくるプロセスを観察する。これは瞑想のはじめに2〜3分だけおこなう。

⑤ 何にも注意を払わず、意識したものはすべて受け入れ、あるがままの意識を観察する。

○ボディ・スキャン

仰向けになり、目を閉じておこなう。注意を身体の一部に集中し、そこで感じている感覚を感じ取り、十分に注意を集中させた後、身体の他の部分へ順番に注意を移動させていく。

たとえば、上から「頭」に注意を集中し、そこから感じ取れる感覚「頭がすっきりしている」「頭が重い感じがする」などを感じ取る。ただし、それぞれの感覚に対する評価はしない。次に、肩、首、のど、腹、太もも、膝、足の裏などのように進めていく。

ボディ・スキャンをおこなうことで、身体感覚が覚醒する。

○歩行瞑想法

歩きながら、歩くことに意識的に注意を向ける方法である。足が地面に接地する感覚や、身体全体の動きに注意を集中しながら歩く。

歩く速さは、自分の注意を最大限に集中できる速度とする。また、集中力を維持するために、たとえば「足先」など、注意を集中させる場所（身体の一部）を決めておくとよい。

単なる散歩とは違い、自分の脚を動かす感覚や、地面と足の裏が接地する感覚など、身体感覚に注意を向けることが大切である。

○日常瞑想訓練

歯を磨く、食事をする、風呂に入るなどの日常生活の行動をおこなう中で、その行動に注意を集中し、その瞬間の思考や感覚に気づくようにする訓練である。

たとえば、ご飯を食べる時であれば、「お箸を持つ、ご飯をつまむ、口に運ぶ、口に入れる、噛む、飲み込む」といった動作を心の中で確認し、歩く時は「右脚を運ぶ、地面を蹴《け》る、左脚を運ぶ、地面を蹴る」という動きを観察する。心の中で動作の実況中継をするように、自分がおこなっている動作を客観的な立場から観察し、心の中で言葉にしていく。

また、活動中に湧いてきた感情も観察してみる。

子どもがいたずらをして腹が立った時、何度もご飯を残されて落ち込んだ時など、さまざまな感情が湧いてくるだろう。その時、「今、私は腹を立てている」「今、私は落ち込んでいる」といったように、感情も客観的に言葉にしてみるのである。

この時、「腹が立つなぁ！」「落ち込んだ……」ではなく、「私は、腹を立てている」「私は、落ち込んでいる」と、冷静に観察者の立場をとることがポイントだ。英語で言えば、"I'm angry."ではなく、"I feel angry."ということになる。

湧き出る感情を、無理に抑え込む必要はない。湧いてきた感情をありのままに観察していれば、怒りやさまざまな感情は、自然に収まっていくからである。

こうした感情や、先にあげた動作に加え、視覚、聴覚、嗅覚、味覚、触覚といった、五感で捉えた感覚も、対象として観察する。さらには、頭の中で自然に発生した思考である「自動思考」も対象として観察していく。

第2章

マインドフルネス子育て

（1）マインドフルネス子育てとは

子育てで大切な2つのこと

ジョン・カバット＝ジン博士は、マインドフルネス子育てを次のように定義している。

マインドフルネス子育ては終点ではなく、創造的に続けていくプロセスである。それはできる限り意図的に瞬間、瞬間を評価しない気づきができるようになることである。

マインドフルネス子育てでは、自分の思考や感情、身体感覚といった内的な景色と、自分の子どもや家族、家庭、さらに外側にある文化といった外的な景色状態にも気づくことである。

この定義からわかることは、マインドフルネスにとっては「気づき」というのがキーワードになっている点だ。簡単にいえば、自分の内と外で起こっていることに注意を向けて、それに評価を加えずに「**気づく**」ことだといえる。

このことを、私自身の子育てを振り返って、考えてみたい。

子どもは親の愛をもらいたくて必死で生きている。しかしそれは、必ずしも親の言うことを聞いて愛情を得ようとしているわけではない。

親に可愛がってもらおうというよりも、むしろ、親に自分の欲求をぶつけて、それを満たしてもらうことで、愛情を確認しようとしていることに気づいた。

あるいは、いつも自分を見てほしい、触れて愛情をもらいたい、と要求してくる。

それに応えてあげられればよいのだが、一方で、親の方は、子どもに「良い子であること」を求めてしまう。だから、親の望み通りに行動してくれないと、怒りやイライラを感じることになる。

また、親は、自分がやりたいことをある程度我慢しつつ、子育てという大変な作業に従事している側面もあるので、それもまたストレスに感じてしまう。

さらに私自身、ストレスがある時には、自分自身が感情的に反応してしまうことにも気がついた。相手が子どもの場合、「感情的に反応しても構わない」と心の隅で考えてしまったり、むしろ「感情的に叱った方が、子どもは怯《おび》えて言うことを聞くようになる」と思ってしまうこともあった。

そうすると徐々に、自分のストレスを発散する目的で、子どもに当たり散らすことになりかねない。それは虐待につながる危険な兆候だと反省したこともあった。

第1章でも書いたように、子どもの論理と親の論理はまったく違うのだから、子育てで親がストレスを感じるのは当然といえるだろう。

以上述べたことから、マインドフルネス子育てにおける「気づき」の内容には、大きく2つあると思う。

一つは、**子どもの心に気づく**こと、そしてもう一つは、**自分の心に気づく**ことである。

子どもの心に気づくこと

まずは、目の前にいる子どもがなぜいま、そのような行動をしているのか。無心に観察してみよう。楽しいからなのか、不快だからなのか、愛情を欲しがっているのか、注目してほしいのか。子どもの行動は、さまざまな心を表現している。

子どもは小さければ小さいほど、まだ自己コントロールができず、対人関係のルールも社会のルールも知らない。だから（大人から見て）悪い行動をしてしまったとしても、それがなぜいけないのかわからない。だからこそ、大人はそれを教えてあげる必要がある。

この時、これまでしてきたような反応の仕方――たとえば、イライラしながら教えるとか、怒りを露《あら》わにしながら教えるのでは良くない。そのような反応をしてしまうと、子どもは「お母さん／お父さんが怒っている」ということだけに注目し、なぜ怒っているのかがわからないので、混乱して、不安になる。混乱した状態では、言葉で「いけなかった理由」を諭《さと》されても、効果はないだろう。

だからこそ、共感的に教える必要がある。共感的に教えてあげれば、子どもは「気持ちをわかってもらった」と安心して、親の言葉を理解してくれるようになる。共感的というのは、心も身体もできるだけ子どもに寄り添い、抱っこをしたり、膝に乗せたりして安心させてあげるということである。

さて、それでは、子どもの気持ちに気づくにはどうしたらよいだろうか。

じつはマインドフルな状態になれば、目の前の子どもの表情やしぐさ、口調や間《ま》など、すべての非言語行動に気づきやすくなる。この時、「この子はいたずら坊主だから」とか「うちの子はやんちゃが過ぎる」などといった見方はできるだけ排除して、純粋な気持ちで目の前の子どもと関わることが大切だ。

子どもの心は大人よりもはるかに単純で、非言語行動でストレートに表出するため、子どもの気持ちを感じることは、困難なことではないだろう。それが十分に感じられたら、親がとるべきもっとも効果的な行動は、自ずと決まってくるはずだ。

自分の心に気づくこと

子育てには大変な労力が必要だ。子育て中の親であれば、子どもに対して、「少しの間でいいからどこかにいってほしい」とか、「このまま放っておいて自分の時間が欲しい」などのネガティブな感情を抱く瞬間は、多かれ少なかれあることだろう。

大切なことは、そのような感情を感じてしまうのは、決して悪いことでも何でもなく、ごく自然で健全な感情だということである。

子どもを授かるまでの人生では、勉強が嫌いだとか、部活が厳しい、友人とケンカしてしまった、など、辛いストレスに満ちた出来事があっても、大抵の場合はそこから逃げることができた。

しかし、子育ては逃げることができない。その意味では、牢獄のようなものだ。しかも、誰もが練習もなく、ある日いきなり始まるわけだが、そこからは長い年月、責任を持って取り組まなければならず、一向に出口が見えない果てしないトンネルの中にいるような気分になることもあるだろう。

しかし、そんな暗澹《あんたん》たる気分で毎日を過ごしていたら、自分自身がみじめになるし、抑うつ状態になってしまう。そしてそんな気分の時というのは、自分の気持ちもよくわからなくなっていることが多い。悲しいのか、みじめなのか、不安なのか。

マインドフルネス子育てでは、まずは自分がどんな気持ちを感じているか、ということに気づくことからスタートする。

自分の身体感覚に注意を向けてみると、たとえば肩に力が入りっぱなしになっていることから、「ああ、今、私は怒りを感じていたんだ」「じつは緊張していたんだ」とか、眉間《みけん》にしわを寄せていることから「ずっとイライラしていたんだ」などといった感情に気づくだろう。

そのような身体感覚を手掛かりに、自分のストレスや、イライラした気分に気づき、その感情にラベリングをすることが大切である。

これは、「ストレスは悪いものだから、できるだけなくさなければならない」ということではない。そうではなく、子育てにストレスはつきものなのだから、それとうまく付き合うことが大切なのである。

人はストレスがたまると、普段からイライラしてキレやすくなる。幸福で満たされた気持ちの時には我慢ができたことでも、イライラしているとすぐにキレてしまい、それを子どもに発散させてしまうこともあるだろう。

だから、いつもストレスをため込みながら子育てをしていることは、自分自身のためにも、子どものためにも良くないことなのだ。

マインドフルネスを実践することで、「自分が何を感じているのかに気づく力」が鍛えられる。すると、自ずと感情的に反応することが減っていくようになる。

2つの気づきが得られるマインドフルネス

第1章でも述べたように、人間は言葉を手に入れた結果、言葉で思考するようになった。しかしその結果、悩みや不安が生まれるようになった。

すると、目の前の、今この瞬間に起きていることに注意を払わなくなり、過去のことや将来のことに思いを馳せる時間が増えていく。

だからこそ、そうした思考をやめて、目の前で瞬間、瞬間に起きていることに集中して「感じる」ようにすれば、悩みや不安は生まれてこなくなる。

マインドフルネスでは、身体の感覚に注意を集中していく。そして、快の身体感覚だけではなく、不快な感覚にも注意を向けて、ありのままに受け入れて、それに反応しないようにする。これが、自分の感情や行動に気づくことにつながる。

さらに、目の前にいる子どもの行動に対しても、評価をせずに注意を集中すれば、子どもの心に気づきやすくなり、子どもと自分との間に少し距離を空けることができる。すると子どものことを客観的に見ることができるようになるのだ。

その理由であるが、私たちの行動や感情というのは、ほとんどの場合、刺激に対して一定のパターンで反射的に反応している。子どもが失敗すると怒り、期待通りに勉強しないとイライラする。

これは、「刺激」と「反応」との間にスペースがない状態だといえる。この状態を「**自動操縦状態**」と呼ぶ。自分がまるで外の環境に操られて、自動的に反応しているような状態であることから、この名前が付けられた。

マインドフルネスでは、不快を与える刺激と、自分の反応との間に、スペースを作ることを目指しているといえる。スペースを作ることができると、気づかないうちにパターン化された思考や行動との間に距離ができ、自分の人生自体も俯瞰《ふかん》的に距離を置いて見つめることができるようになる。

すると、これまで刺激に対して自動操縦的、反射的に行動する態度だった人が、自分の人生や生活、行動のすべては「自分でコントロールできるものなのだ」と思えるようになり、さらに積極的に「自分でコントロールしよう」という感覚が持てるようになるのだ。

心の「自動操縦状態」――脱するのは難しい

私たちの普段の行動というのは、そのほとんどは自動操縦状態といってもよい。自動操縦状態には、良い面と悪い面がある。良い面としては、私たちがおこなう行動についていちいち考えずにできるようになるため、エコである点である。

たとえば、よちよち歩きの子どもは、右脚を動かして、左脚を動かして、といったように、それぞれの脚の動きや、全身のバランス感覚などに注意を向けて歩いている。しかしうまく歩けるようになってくると、もう脚の動きには注意を向けず、他のことを考えながらでも歩けるようになる。

一方で悪い点は、私たちの行動がいったん自動操縦状態に入ると、そのパターンから抜け出すのは至難の業《わざ》だという点である。

たとえば、朝、仕事にでかける時に、「今日は姿勢を伸ばして胸を張って歩こう」と決めたとしても、歩き始めると、じきに普段の歩き方に戻ってしまうことからもわかる。

家族のコミュニケーションも自動操縦状態

家族のコミュニケーションでも同じである。気づかないうちに、いつものパターンで、自動操縦のように同じことを繰り返してしまっている。

米国の統合医療研究者のダマス［Dumas, 2005］は、家族の中でおこなわれているコミュニケーションの自動操縦状態には、次の4つの特徴があるとしている。

①思考や感情、行動の自動操縦状態は、一人ひとりの相手に特有のパターンをとる。

たとえば母親と子どもの間では、同じ親から生まれたきょうだいであっても、それぞれの子どもに対して、異なるパターンで反応している。少し意識して思い返してみると、思い当たるかもしれない。兄にはうまくいく反応パターンが、妹にはうまくいかないことなどはよくあるため、自然と使い分けているのだ。また夫に対して、妻に対して、自動的に反応しているパターンがある。

それらの反応のパターンでうまく問題が解決できていればよいが、そうでなかったとしても、過去のパターンを現在まで繰り返し用いている可能性がある。
大切なことは、自動操縦状態を脱して、それぞれの子どもや家族に対して、マインドフルな態度で接することである。

②自動操縦状態にはほとんど気づかない。

自動的に現われてくる行動や感情、思考といったものは、意識してそうしているのではない。過去にそれが直接的で役に立った（ように見える）対処手段だっただけのことである。そしてそのパターンでいつも反応しているうちに、やがてそれは自動化されていったのである。

たとえば、子どもが5歳の時に、粗暴で聞き分けのない性質を持っているように見えたため、母親はそれに対していつも、大きな声で怒ることで対応してきたとする。すると、その子が10歳になっても、気づかないうちに同じパターン（大きな声で怒る）で対応しようとしてしまうのである。

③自動操縦状態は、安定していて、何度も繰り返される。

現在、あるいは将来起こる出来事は、実にさまざまであるが、自動操縦状態は、それらのさまざまな出来事に対処するためのガイドラインの役割をしている。

これは条件づけの原理で説明できる。つまり、ある「出来事」に対して、ある「反応の仕方」で問題が有効に解決できたとしよう。すると「出来事」と「反応」の間に条件づけが成立し、その後、似たような出来事が起こった時も、また同じ反応をとろうとするようになる。

こうして一度、条件づけが成立してしまうと、それを解くのは難しい。自分で自分はどのような反応をしているのか、よく感じて「気づく」ことが、条件づけを解くためには必要となる。

④自動操縦状態は、変えることが極めて難しい。

親子の関係が愛情に満ちて、温かいやり取りが自動操縦状態になっていれば、さまざまな問題に対して効果的に対処することができる。

しかし、冷たく葛藤に満ちたパターンが自動操縦状態になっている家族では、さまざまな問題に対処することが難しくなる。

このような、問題に対処できていない、つまり役に立たないパターンであっても、いったん自動操縦状態になってしまうと、変えることは難しい。

たとえば、子どもが約束を守らなかった時、親がキレて無理やり守らせたとしよう。このパターン、つまり「キレることで子どもの行動を変える」というやり方は、一見有効に見えるため、その後も繰り返されるだろう。しかし、この時子どもは、「約束を守ることが大事なんだ」ということを学んだのではない。「親がキレた時は、とりあえず言うことを聞いておけば、おさまるんだ」ということを学習したにすぎない。

ところが、親の方からみれば、「キレれば子どもは言うことを聞く」というふうに映り、そう思い込んでしまうため、このパターンは繰り返されてしまう。

「キレる」という反応では、じつは（本当の意味では）効果がないのだということに、親自身が気づくことが、反応を変える第一歩となる。

現代の親に多い2つのタイプ

私たち人間は子育てに関わる遺伝子や本能を持っている。だから子育ての仕方のごく基本的な部分は、数百万年の人類の歴史を通じて、ほぼ変わっていない。

とはいえ、現代の社会というのは、数百万年前の環境とは大きく異なっている。野生動物からつねに我が子を守らなければならなかった時代の子育てと、現代の子育てでは、子どもの保護の仕方や、子育てにおける問題に大きな差があって当然だろう。とくに現代社会においては、子育てに特有の問題が起きてしまっているように思う。親は、最適な保護の仕方ではなく、次のような両極端なタイプになる傾向が強まっているのではないか。

①子どもと密着しすぎる溺愛タイプ

このタイプの親は教育熱心であり、子どもに早くから習い事をさせて、いろいろな能力や学力を伸ばしてやることが、子どもの将来の幸せにつながるという考えを持っていることが多い。親自身もそのような親に育てられていることが多く、我が子もそのように育ってほしいと願っている。

このタイプの親は、子どもを気づかないうちにあたかも自分の分身であるかのように捉えているため、子どもの出来不出来が、自身の評価に直結している。社会からの評価や友人からの評価など、外部からの評価基準を重視し、それが自身のアイデンティティの一部になっている。そのため、子どもを「出来の良い子に育てる」ことに一生懸命で、そのせいで日頃から強いストレスを抱えている。

「密着しすぎる」というのは、単に子どもと関わる時間の問題ではない。子どもを保育園に預けて仕事をしていても、「本当にこれでいいのだろうか」と不安に思うことが多く、「小さなころから子どもをよそに預けるなんて、母親としてどうなんだろう」などと後ろめたい気持ちを抱いていることも多い。

②子どもとの関係が希薄な放任タイプ

こちらのタイプの親の場合、子どものことに比較的無関心で、自分自身の好きなことを追求する傾向がある。自分の欲求を満たすことを中心に行動しているため、子どもの存在が、自分の欲求を妨げるもののように感じられてしまっている。

子どものことを保育園に預けるだけでなく、子育ても保育園にお任せ、といった態度になりやすい。子どもの愛着形成については、母親でなくとも、父親や保育士や祖父母など、信頼関係のある大人との間に形成できれば問題はないのだが、そこで良質の関係が築けるかどうかが鍵となろう。良質の関係とは、子どもの心に敏感に気づいて、それに反応したり、不安な気持ちの時に安心させてあげるような関係である。

こうした関係を作るためには、子どもを抱っこしたり、たくさん触れて育てることが大切である。たくさん触れて育てることは、親の側の感受性を高めることにもつながる。関心が希薄な親でも、触れることで子どもに対する敏感な心を育てることができる。また、触れ合うことで、子どもの側も、不安な時に安心感を得ることができる。第4章でも述べるが、触れるということは親子の関係性に大きな役割を果たしているのだ。

2種類の注意の向け方

マインドフルネスは、こうした両極端な育児の仕方のどちらに対しても効果を発揮する。そのことを説明するためには、まずは、マインドフルネスでおこなう2種類の注意の向け方について紹介したい。

①フォーカスアテンション（FA＝Focus Attention）と、**②オープンモニタリング（OM＝Open Monitoring）**である。

「**FA（フォーカスアテンション）**」は、通常はマインドフルネスの初期におこなう。呼吸や身体感覚といった特定の対象に注意を向けて、そこから注意が離れたら、すぐに元に戻すようにする。そして、そこで感じたことを無評価的に、気づき、受け入れる。これを習熟することで、日常生活の中でも、少ない努力で、自分がしている特定のことに注意を集中させることができるようになる。

それに対して「**OM（オープンモニタリング）**」の場合は、特定の対象に注意を向けるのではなく、注意を拡散させて、そこで感じられることに注意を向ける。注意が特定の対象だけに向かってしまったことに気づいたら、すぐに、現在感じられることに注意を向けて、そこで感じられることを無評価的に受け入れる。こうすることで、現在している体験を豊かに感じることができるようになる。

さてこれら2種類の注意の向け方を、先の２つのタイプの親に応用してみよう。

第1のタイプ（子どもと密着しすぎる溺愛タイプ）の親には、マインドフルネスの「OM（オープンモニタリング）」の訓練が役立つ。子どもを「良い―悪い」などという軸で評価せずに、ありのままの子どもを受け入れる態度を養うからだ。とくに、OMの訓練をすることで、自分の感情・思考に対して、距離を置いて捉えることができるようになるのだが、それと同じように、「子どもとの間」にも距離を置いてみることができるようになるわけだ。

それに対して第2のタイプの親には、マインドフルネスの「FA（フォーカスアテンション）」の訓練が役立つだろう。今、目の前に起きていることの中から、ある特定の対象を選んで、それに注意を集中する訓練である。このタイプの親の場合、子どもに注意を向けること自体が少ないのだから、子どもに注意を集中する訓練をするのが役に立つ。この時、単に子どもの姿に「視覚」を集中するのではなく、じかに子どもに触れて、その感覚に集中してみたり、そうした時に湧き起こってくる感情に集中してみるようにするとよいだろう。

（２）マインドフルネス子育ての訓練

マインドフルネスを集中して訓練する

では実際に、家庭で、母親や父親ができるマインドフルネスの練習法をご紹介しよう。早稲田大学の大屋覚《さとし》氏が、インターネットを用いて母親に実践してもらった練習である。大屋氏の許可を得て掲載させていただく。

①ノンストップの実況中継

まず、コップに水を入れ、水を飲む動作を、一つひとつ実況中継してみましょう。

たとえば、「コップに手を伸ばす」「指を広げる」「コップに触れる」「飲む、飲む」、などのように、実況中継するのです。


最初の1週目は、この実況中継の練習をします。

週3回以上、空いた時間におこなってみましょう。

声に出す必要はありません。


今、この瞬間に何をやっているのか、頭の中で実況中継するのがポイントです。

ここで注意したいのは、実況中継では、「これから水を飲みます」とか、「のどが渇いているかな」などと、考えることはしないことです。


単純に、自分の身体が今している行為だけを、客観的に実況するのが大切です。

ちょっと時間が空いた時、コーヒーなどを飲む時などにでも、リラックスして、楽しく取り組んでください。

②スローモーション

まず、あぐらなどをかいてゆったりと座ります。

そして、これ以上できないくらいゆっくりと、手を上げ下げします。

余計なことを考えずに、今の瞬間にだけ集中しましょう。


ゆっくりと手を上げながら、「手を上げる、上げる、上げる、上げる」と言い、上までできたら「止める」と1回だけ言います。

そして、同じスピードでゆっくりと手をおろします。

「手をおろす、手をおろす、手をおろす……」と実況中継して、おろしたら一度、深呼吸をしてから終わります。


あまりこうした動作をおこなう機会は少ないかもしれませんが、2〜3分を目安に始めて、10分ほどできるようになれば、大きな効果があります。

2週目は、このスローモーションを、週に3回以上、空いた時間などを利用しておこなってください。

心と身体の変化を感じ取っていただけると思います。


歩く、座る、食べるなどといった日常の動作を、意識してゆっくりやるようにするのです。

お茶を飲む、掃除をするなど、何でもよいのです。

何かの動作をゆっくりおこなうことで、瞬間、瞬間に何を感じているかを流れの中で注意を向けるようにします。

③ストップモーション

私たちは日常、いつも動き続けています。

その動きをストップしてみることで、今まで気づかなかった自分に出会うトレーニングです。

まず、足を肩幅くらいに広げて、両手を身体の前か後ろにそろえてみましょう。
体重は両脚に均等にかけ、そのまま身体を固定して、柱のように立ちます。
背筋はしっかりと伸ばし、正しい姿勢を保ちながら、
頭の中で、今の瞬間を、実況中継していきます。
「立っています、立っています、立っています。
感じています、感じています、感じています」
と繰り返し、柱になったつもりで実況中継を続けましょう。

目線は2〜3メートル前方に向けます。
雑念や妄想が割り込んできたら、
「雑念、雑念、雑念」「妄想、妄想、妄想」と3回言ってカットして、
もう一度、今の瞬間に戻り、実況中継を続けます。

とてもシンプルですが、真剣にやってみるのが、ポイントです。

2〜3分から始めて、10分ほどできるようになれば、大きな効果があります。

3週目は、このストップモーションを、週に3回以上、空いた時間などを利用しておこなってください。


実際にこれらの練習を、インターネットで指導した大屋の研究では［大屋（2014）］、未就学児を育てている母親31人が、このプログラムを4週間にわたって練習した。その結果、不安や抑うつ、育児ストレスがいずれも低下したことがわかっている。

日常でマインドフルになる練習——イライラした時は実践のチャンス

マインドフルネスをきちんと修得するためには、前述のような訓練は大切なのだが、子育て中の方にとっては、なかなか時間をとって練習することは難しいことも多いだろう。

そのような場合、日常生活の中で実践できる方法もある。

たとえば、もしも今度、イライラしたり、落ち込んだり、ストレスを感じた時には、マインドフルネスを実践する絶好の機会だと捉えてみるのである。

最初からうまくできることはまずないので、できなくても落ち込む必要はない。怒りが心の中を渦巻いている瞬間に、「ああ、今、自分は怒りを感じている」と気づくというのは、なかなか難しいだろう。その時はできなくても、少し経ってから、「あの時、自分は怒りを感じていたんだ」と気づくのでもよい。それを繰り返すことで、今までのような「行動の自動操縦状態」から抜け出す一歩となるからである。

そして、リアルタイムに怒りが湧いてきたことに気づくことができるようになったら、数呼吸おいて、その感覚を観察してみよう。それだけでも、怒りの感情に巻き込まれにくくなるはずだ。

そして気づきと同時に、「怒ってはいけない！」とか、「不安に感じるのは母親失格だ」などと、自分を責めて落ち込む必要はない。

そういう気持ちを感じた時には、「それが自分なんだ」「それでいいのだ」と、ありのままの自分を受け入れる練習をしてみるとよいだろう。

また、たとえば皿洗いをする時には、目の前の皿と手の動きに注意を集中するようにする。皿洗いを終えたら、次はお風呂の掃除をして……などと、別のことを考えながらおこなうのではなく、自分が今、ここでしていることだけに注意を集中するのである。

現実の自分と向き合い、それを受け入れつつ、自分の価値観に見合った反応ができるようになれば、マインドフルネスの状態になることができるだろう。

次に、子どもと関わっていて、不安やストレス場面に直面した時に、その場でできる効果的なマインドフルネスのテクニックを紹介しよう。

ストレスに直面した時のテクニック

【3分間呼吸法】

人は、怒りや不安などのストレスがあまりに高まると、そもそもその場で「マインドフルになろう」などという気持ちも生まれてこない。しかしそのような場合でも、緊急避難的に使うことができるやり方でもある。

①確認（はじめの1分）

ストレスやプレッシャーが高まったのを感じたら、近くの適当な場所に座る。手は身体の横に自然にたらす。

続いて、今の自分の状態をチェックしていく。具体的には、「今、頭に浮かんでいる考え」「今の気分」「身体の感覚」の3つにそれぞれ注意を向ける。今の状態が感じられればよいため、何かを変えようとしなくてもよい。これを1分程度やってみる。

②注意の集中（次の1分）

意識をお腹に向けて、自分の呼吸を観察する。息を吸うとお腹が膨らみ、息を吐くとお腹がへこむのを、1回ごとによく感じていく。

注意がそれたら、「他のことを考えてしまっていたなあ」とだけ意識して、何度も意識をお腹に戻せばそれでよい。これを1分続ける。

③注意の拡散（最後の1分）

意識の対象を、お腹から身体全体に広げていく。自分の表情や両手脚の感覚などを、ぼんやりとでも意識していくようにする。

全身の感覚へ一気に意識を向けるのが難しければ、「足の裏」→「脚」→「手」→「手の平」のように、それぞれの身体の一部分の感覚へ、順番に注意を向けていってもよい。これを再び1分続ける。

3分後、すべてが終わるころには、現在のことだけに集中できてくるのがわかるだろう。

コミットメント（積極的に取り組むこと）を大切にする――ACT

次にマインドフルネスをさらに一歩進めて、ACT（アクセプタンス&コミットメント・

セラピー）を紹介したい。

ＡＣＴは、米国の心理療法家ヘイズらが考えた技法である［ヘイズ（２０１４）］。ＡＣＴでは、マインドフルネスの要素である「アクセプタンス（受け入れること）」と同時に、自分の人生で価値があると思っていることに積極的に取り組んでいく「コミットメント」も大事だということを教えている。

ここでは少し「コミットメント」について紹介しよう。

あなたは今、自分が望んでいる生活を送ることができているだろうか？

それとも、子どもの世話ばかりに縛られて、本当はやりたいのに、できないことがあるだろうか？

自分の夢を実現させる方向に向かって人生を歩んでいくことを、コミットメントという。コミットメントは、「まったくなんの制約もなく、自由にやりたいことができるとしたら、人生で何をやりたいだろうか」というように、自分が人生で大切にしている価値を明確にしてみることから始める。

まず、ＡＣＴにおいて「価値」とはどのようなものかを見ていこう。

価値とは何か

1．価値は目的ではなく、過程にある

いったい、子育ての目的とは何だろうか？

それはまぎれもなく、子どもを一人前の自立した人に育てることに他ならないだろう。

しかし、そのことだけに価値を置いてしまったとしたら、子育てから感じられる、毎日の暮らしの中の満足感や幸福など、どうでもよくなってしまうだろう。早く効率良く目的を達成すること、それだけに価値があると思ってしまったとしたら、子どもとの関わりは、どんなに味気なくなってしまうだろうか。

つまり、子育てをすることの価値は、子どもを自立させることにあるのではなく、子どもを育てる毎日の過程の中にこそあるといえるだろう。

ＡＣＴではこのように、価値を目的にのみ見出すのではなく、目的に向かう過程にこそある、というふうに捉える。

2. 価値は感情や気分ではなく、行動で達成できる

また私たちの人生の価値は、将来やりたいことを頭に思い浮かべて、良い気分になっているだけでは、絶対に達成できない。自ら行動してはじめて、身の回りのことを変えていくことができるのだ。

価値は、良い気分になるのが目的なのではなく、行動してはじめて達成できるものであると、ACTでは捉える。

3. 価値の裏に痛みあり、痛みの裏に価値あり

本当の価値というのは、ほとんどが痛みを伴うものである。子育てに一生懸命になっているからこそ、いろいろなことで悩みが生まれて苦しくなるのであり、「子どもなんてどうでもいい」と思っている人にとっては、そのような悩みや苦しみは生まれてこない。

つまりACTにおいては、価値を求めるからには痛みや苦労が伴うことを当然と捉える。

自分の価値観を明確化する

それでは、あなた自身が自分の人生で大切にしている価値を明確化してみよう。

I．次の10個の領域で、自分の考えている価値ある行動について書いてみよう。

①結婚・恋人・親密な対人関係
②子育て
③①②以外の家族関係
④友人関係・対人関係
⑤キャリア・職業
⑥教育・訓練・個人的な成長と進歩
⑦レクリエーション・レジャー
⑧スピリチュアリティ

⑨ 社会貢献
⑩ 健康

Ⅱ．10個の領域の、それぞれの価値の「重要性」と「実際性」（実際にどの程度実現しているか）の２点について、それぞれ10点満点で得点化してみよう。

Ⅲ．２つの得点の差を見ていくことで、10個の価値を順位づけしてみる。

ここでは、あなたの②の得点、すなわち「子育て」に価値を置いているか、そうでないかに注目して、アドバイスを用意してみよう。

Aタイプ：②の「子育て」の価値を高く評価している人

このタイプの人は、子育てをすること自体に、生きがいや喜びを感じられる人だ。このような人は、生活の中心を子育てに置いていくのがよいだろう。

ただし、子どもが巣立ってしまった後に、どんな価値を追求していくのか、考えていくことも必要だろう。

Bタイプ：②の「子育て」以外のことに価値を置いている人

たとえば、じつは「カフェを開きたい」とか、「習い事をしたい」などと思っている人の場合、子どもの世話は、その実現にとって障壁と感じられてしまうだろう。子育て自体を苦痛に感じてしまうのも致し方ないといえる。

しかしそんな思いを持ちながら子どもに接していたとすれば、子どもにとっても不幸だし、自分も「夢があるのに実現できない」と思ってしまうので、不幸になる。二重の不幸を背負いながら生きていくのは本当に苦痛であろう。

ＡＣＴでは、苦痛に対してしっかりと気づきを向け、そしてそれを十分に受容できるように練習をし、苦痛がそこにあったとしても、今この瞬間から、あなたの夢に向かって、あなた自身の人生を歩んでいくためのコミットメントを、どんどん増やしていくことを目指していく。

苦痛を回避するのではなく、コミットメントを増やしていく

私たちは、苦痛をなくそうとしたり、無視しようとしたり、減らそうと努力することがあるが、そのことに大変な時間と労力をかけてしまう割に、うまくいかないことが多い。また、「この苦痛がなくならない限りは、前に進めない」と考えてしまうと、うまくいかない現実の中で、どうしようもない絶望感に陥ってしまうこともある。

しかしACTでは、自分の苦痛な情動を回避するのではなく、受け入れるようにする。と同時に、自分が価値を置いている活動も積極的におこなうようにするのである。

そのことの大切さを示す実験を紹介しよう。

ブランステッターら［Branstetter-Rost, 2009］の研究では、アクセプタンス（受容）を促す手続きのみを実施した群と、アクセプタンスの手続きに加え、コミットメントを促すために価値の文脈を与えた群との比較がおこなわれた。

この実験では、両群ともに、「氷水にできるだけ長い時間、手を浸してもらう」という、

「コールド・プレッサー課題」をおこなった。

この時、価値の文脈を与えた群の参加者に対しては、参加者がもっとも大事にする価値に沿った生活を2分間想像させ、その後、コールド・プレッサー課題における痛みが、その価値に沿った生活のために必要であるという教示がおこなわれた。

たとえば、家族に価値を置く人に対しては、「凍った水の中にいる家族を助ける」という状況を想像することが求められた。

その結果、アクセプタンス（受容）の手続きのみを教示した群の参加者に比べ、アクセプタンスと価値の手続きの両方について教示をおこなった群の参加者の方が、痛みを伴う課題に、より長い時間耐えられることが示されたのである。


この実験を参考にすれば、コミットメントを促すために、子育てをしながらでも、自分のやりたいことや夢に向かっての準備を進めたりすることが大切だということが理解できるだろう。

たとえば、カフェを開きたいのだとしたら、子育てを十分に受け入れながら、そのための資金を集め始めたり、場所を具体的に考えてみたりといった、今できる準備を少しずつ始めてはどうだろうか。

あるいは、子どもを連れてでもできることがあれば、積極的にやってみるのもよい。最近では、子連れでもＯＫ、という場所も増えている。「子どもがいるから何もできない」と決めつけてしまうのではなく、夢の実現のために少しでもできることを具体的に考えてみると、意外とできることは見つかるはずだ。

こうしてコミットメントを増やして、自分のやりたいことを少しでも実行する時間をとることができれば、子どもと関わることも苦痛ではなくなってくるだろうし、子どもを負担に思う気持ちも和らいでくるだろう。

ＭＡＰ（マップ）を具体的に作り、用いる

通常のマインドフルネスでは、言葉を極力使わず、その時感じていることを最重視していくが、「マインドフルネス子育て」では、将来起こりそうな葛藤に対してマインドフルに対応できるようにするために、あらかじめ言葉を用いてシミュレーションしておくことで、実際の場面に備えることがある。これを「マップ」という。

自分の価値に合った子育てを、より具体的に実行していくために、マップを作り、用いてみよう。その原則は3つある。

1．あいまいな内容ではなく、できるだけ具体的に作る

たとえば、子どもとの間で、「ゲームは1時間だけ」という決まりを作ったとする。しかし、おそらくその約束は、容易に守られないだろうと予測できる。

約束が守られなかった時に、子どもと言い争ったあげく、ゲームのプラグを抜いてしまう、という対応ではまずい、それは避けたい、と考えたとしよう。

そんな時、まずは、「約束を守れないなら、明日から1週間、ゲームは禁止するよ」という提案をしてみると決めておく。それで息子が怒り出したら、自分は怒り返すのではなく、買い物に出かけてしまうことにする、などのように、できるだけ具体的にシミュレーションして、とるべき行動を準備しておくのである。

2．（空間的・時間的に）「遠く」より、「近く」に焦点を当てるようにする

マップを作る時には、空間的・時間的に遠くにある課題についてのシミュレーションでは

なく、できるだけ喫緊《きっきん》に起こりそうな課題についてシミュレーションする。

たとえば、子どもの将来に不安を感じているとする。だからといって、将来しっかりした大人になってもらいたいために、そこに焦点を当てるというのではなく、今日、宿題をしっかりやることに価値を置き、そちらに焦点を当てるようにする。

3．ネガティブなことを避けるよりも、ポジティブなことに焦点を当てるようにする

たとえば、「今度息子が泣き叫んだら、怒らないようにする」といったマップよりも、「今度息子が泣き叫んだら、私は寝室に移動して、3分間息子と離れて一人になる」というように、「〜しない」といった否定形ではなく、「〜する」といった肯定的な文章のマップの方が、行動に移しやすいのである。


実際の集中的な訓練では、このような場面について、ロールプレイ（役割演技）の手法で演じてみたり、頭の中でイメージしたりして、実行しやすくする。

また、目標は難しいものほど、「いつ」「どこで」「どのように」といった具体的なプランを計画する方が、はるかに実行しやすくなる。

（3）マインドフル子育ての効果

以上のようなやり方で、マインドフルネスを実践すると、次頁の表1のような効果があることが確認されている。マインドフルネス子育てで大事にする5つの次元ごとに、親の行動において「促進されること」「低減すること」をまとめている。一つずつ見ていこう。

◇次元1「注意を向けて傾聴すること」による効果

注意を集中することは、マインドフルネスのもっとも基本である。子どもの話に傾聴することは、子どもの言葉の単なる表面的な理解ではなく、さらに深い子どもの心の動きに気づかせてくれる。

子どもの年齢別に見ていこう。

まず赤ん坊の場合、子どもが発する声や動作に集中することが、愛着形成の上でとても大

表１　マインドフルネス子育て法により変化する親の行動（Duncan et al.〔2009〕より改変）

５つの次元	促進されること	低減すること
1. 注意を向けて傾聴すること	・子どもの行動の些細な手掛かりを正しく識別する ・子どもが話す言葉を正確に聞き取る	・頭の中で考えたり期待すること
2. 自分と子どもを価値判断せずに受容すること	・子ども志向的、親志向的、親子関係志向的な目標の間での健全なバランス ・子育てへの自己効力感 ・子どもの性格への理解	・自分の関心事ばかりに注意が向く傾向 ・子どもが持つ特性（性格や能力）への非現実的な期待
3. 自分と子どもの感情への気づき	・子どもの要求と情動に応答すること ・それらの応答がより正確になること	・子どもの情動をはねのけること ・親の強い否定的な情動（怒りや失望）によるしつけ
4. 感情と距離を置いてセルフコントロールすること	・子育てにおける自身の情動のコントロール ・目標や価値と一致した子育て	・条件反射的で自動的なしつけ ・子どもの情動への依存
5. 自分と子どもへの共感	・親子関係で肯定的な感情を感じること ・自己の子育ての努力への寛容な見方	・親子関係における否定的な感情 ・子育ての目標が達成しない時の自己批難

切なことである。赤ん坊は自らを危険から守ってくれるような、「自分を見つめてくれる目」を必要としているのだ。

もう少し成長した子どもの場合、傾聴することによって、子どもが話す言葉だけでなく、子どもの声のトーンや、顔の表情、ボディランゲージなども理解できるようになり、子どもが本当に訴えたいことを理解できるようになる。

思春期になった子どもにとっては、傾聴はさらに重要になる。なぜなら、この年頃になると、親は、子どもを理解する手段として、子どもからの非言語的な情報よりも、「話す言葉」に重きを置く傾向が高まるからである。子どもの「話す言葉」ばかりを重視してしまうと、ミス・コミュニケーションや葛藤が生まれやすくなってしまう。思春期だからこそ、子どもとの対話では注意を集中しておこなうことが必要であり、子どもを理解していることを伝え、自己開示を促進することが大切である。

これらの姿勢を大事にすることで、親自身が、それまで癖になっていたような「問題解決モード」ではなく、「夕陽モード」に移行することができれば、子どもに対してどう反応すればよいかは、自ずから明らかになるだろう。

◇次元2「自分と子どもを価値判断せずに受容すること」による効果

親は子どもを、無意識のうちに「ある見方」「ある評価基準」によって評価してしまうことが多い。それは子どもに対して無意識に持っている、期待や希望であることが多いのだが、そのような評価基準を持っている限り、子どものことを枠にはめて評価してしまうことは、避けられない。

親である以上、子どもに期待をしたり、将来、親の望むような人になってほしい、などという願望を持つのは当然ではある。それ自体が間違っているということではない。「受容する」というのは、なにも子どものしつけに必要なことを教えるのを、あきらめたり放棄したりすることではない。

そうではなく、「受容する」というのは、注意を集中して、今、ここで子どもがしていることや感じていることを、十分に明確に感じ取れるようになることである。そうして、子どもが「生きていること」「存在していること」の基本的な事実を受容するようにするのだ。

そうすることができれば、子どもに過度の期待をかけることが間違っていると感じられるようになり、子どもの発達レベルや文化的な文脈から見て「適度な」期待をかけることができるようになるのである。

◇次元3「自分と子どもの感情への気づき」による効果

子育てというのは、その大部分が、親の感情的な部分でなされるものである。叱る、驚く、怒りを鎮める、嬉しさを表現するといった具合である。

だからこそ、感情に気づくというのは、マインドフルネス子育てのもっとも基本となる部分である。マインドフルネス子育てを実践できるようになると、親が自分自身と子どもの感情を、正確に同定できるようになる。その結果、これまでのように自動的かつ反射的に感情が湧き起こっていたのとは異なり、子どもへの対応を意識して選べるようになる。

こうした対応は、子どもにとって非常に影響力の強いものとなる。それは、親が感情に任せてではなく、自らの意思で表現した感情だからである。何らかの刺激によって反射的に表現された強い感情は、子どもにとって大きな意味を持たない。単に子どもを怯えさせ、親との距離を離そうとする。

それに対して、親の意思をもって表現した強い感情は、子どもに大きな影響を与える強い力となるのである。

◇次元4「感情と距離を置いてセルフコントロールすること」による効果

マインドフルネス子育ては、不安や怒り、敵意などのネガティブな感情を「表現したい」という衝動自体をなくしてしまうことではない。そうではなく、そういった感情を感じ、表現する一歩前に、セルフコントロールをして立ち止まり、子どもを正しく育てるために適切に表現する方法は何かを考えて、それを選ぶことができるようにすることである。

たとえば、親が子どもに怒り狂ってしまっている最中であっても、その怒りとは距離をとって、「私は怒り狂っている。でもここで冷静になって、物事をぶち壊すようなことまではしない」というようなことを、頭の中に浮かべることができるようになることが目標だ。

こうして自分がマインドフルネス子育てができるようになると、子どものネガティブな感情に対しても、ラベリングをし、それをどうやって表現したらよいか、その感情はどういったものなのかを、子どもに教えることもできるようになる。そうして子どもの側もセルフコントロールの力を付けてくれるようになることにつながるのだ。

◇次元5「自分と子どもへの共感」による効果

共感性が高い親は、彼ら自身の親からも共感されて育てられたことが多い。そのような親は、子どもが悩んでいたり苦しんでいたりすると、自分自身も苦しみを味わい、それを取り去ってあげようとする。

マインドフルネス子育てができると、自分の子育てがうまくいかなかったり、子どもが自分の期待通りに育たなかったとしても、自分自身を責めることはしなくなる。そして、「いつからでもやり直せるのだ」というふうに自分を励ますようになる。それは、自分の子育ての仕方や、子どもの振る舞いが、「世間から評価されている」という感覚を減らすからであろう。

子どもたちに与える影響というのは、世間からの評価ではなく、「親自身が自分たちに下している評価」が非常に重要である。研究では、「自分たちの子育ての能力が高い」と思っている両親の子どもは、実際に能力の高い子どもに育っていることが多いこともわかっている［Coleman, 2003］。

つまり、「親が自分の子育てについて、どのように評価しているか」ということが、子どもに大きな影響を与えているのである。

マインドフルネス子育てができるようになると、子どものある特定の成果（学業成績や運動能力など）やそれに対する世間の評価によって自分や子どもを評価するのではなく、「子育てをしている自分自身の努力」自体を高く評価できるようになり、それが結果的に、子どもの能力も高めるのである。

発達障害の子どもの親へのマインドフルネス

次に、最近増えている発達障害の子どもを育てている親に、マインドフルネスをした結果、どのような効果が見られたかを紹介しよう。

発達障害を持つ子どもを育てる親は、健常な子どもを育てている親よりも、ストレスが高く、家族機能の健全さが低下し、ウェルビーイング（身体的・精神的・社会的な幸福度）も低くなりやすいことがわかっている。

そこで、そのような親にマインドフルネスを実践してもらうことには、大きな効果が期待できる。

一方で、親がマインドフルネスをしてストレスが低くなり、親の攻撃的な言動が減ってくると、それに伴って、子どもの行動も変わってくるようになる。

実際に、マインドフルネスによって、特別学校に通う子の親や教師のストレスが軽減したという報告がある。

米国のベンたち［Benn, 2012］の研究では、特別学校に通う生徒（自閉スペクトラム症やＡＤＨＤ〈注意欠如・多動症〉、心身症児）の親と教師を対象に、５週間のマインドフルネスを実施した。

すると、実施したグループは、実施しなかったグループに比べて、子どもとの関係に対して自信を持てるようになり、ストレスが軽くなり、共感的に子どもと接することができるようになった。さらにその効果は、マインドフルネスのトレーニングを終えた２ヶ月後にも、続いていた。

自閉スペクトラム症の子どもの攻撃性と自傷行為の減少

自閉スペクトラム症の子どもへの介入としては、以前から、家庭で医師の代わりに親に介入してもらう方法がおこなわれていた。

そのような介入方法では、多くの場合、親は子どもに接する際のスキルを教えられる。

「子どもがかんしゃくを起こした時にはどうしたらよいか」というように、子どもの抱える個々の問題への対処法といってもよいものだった。

そのような指導に対して、親にマインドフルネスの訓練をおこなうと、親は子どもに対して無評価になり、その瞬間に子どもがしている行動に集中することができるようになるため、母親がとることのできる無限にある反応の中から、もっともふさわしいものを自然と選ぶことができるようになるのだ。

つまり、スキルのように、教わったやり方、通り一遍のやり方を当てはめるのではなく、その時々の子どもの反応に対して、柔軟で的確な仕方で反応できるようになることが大きいといえる。

実際に、自閉スペクトラム症の子どもを持つ親に12週間のマインドフルネスを実施したところ、子どもの攻撃性や自傷行為が減ることも示されている。

マインドフルネスを学ぶことで、親自身が、これまで自分が自分の親からされてきたようなやり方、つまり自動的に子どもに反応するやり方をやめて、もっと子どもにふさわしいやり方があることに、自ら気づくことができるようになるのだ。

具体的なやり方（アプローチの例）を次頁の表（表２）でご紹介しておく。ぜひ参考にしてみていただきたい。

表2　身体感覚に焦点づけた、子どもへのアプローチの例

①子どもの身体感覚の感じ方を把握する

（手をつないだ時の手の感覚、椅子に座った時のお尻の感覚、靴を履く時の姿勢の窮屈さ、など）

子どもの意識が身体感覚に向いている時は、まずその感覚を共有する。それを無視した声かけや指示は通じにくい。椅子の裏をコンコンと叩いて「かたいね」と言葉を添えるだけでも、身体感覚がより自覚しやすくなる。

②子どもの意思表示の仕方を把握する

（ジャンプさせてほしい時に両脇を上げる、くすぐってほしい時に身体をくねらせる、など）

言語表出がない場合、子どもは遊びを要求する時、自身の身体感覚を想起して動作で示す。ジャンプした時の楽しさは、身体を持ち上げられた際の両脇の感覚として想起される。これらの行動が見られた時に「ジャンプね」「もう１回ね」と応じて要求を成立させることが子どもの意思表示の定着を助ける。

③子どもの身体に響く言葉かけをする

（リズムやテンポがあり、短く繰り返しのある言葉を子どもの動作に添える）

子どもと一緒に物を運ぶ際に「いち、に、いち、に」と動きに合わせた声をかける。あるいはドアを開ける時に、子どものノック（手で叩く）に合わせて「トントントン」と言いながら大人もノックする。これらが子どもに受け入れられると、玩具箱や冷蔵庫を開けたい時にも子どもの自発的な要求手段としてノックや発声（トントントン）が一般化されやすくなる。

④行動を促す際に子どもの身体感覚に働きかける

（子どもに座ってほしい時にお尻をポンポンと叩く、靴を履かせるときに足を触る、など）

子どもに意識を向けてほしい時に、その身体部位に大人が触れることで注意を方向づけやすくなる。「お尻をポンポンするよ」と言いながら子どものお尻と座る場所を交互に軽く叩いてあげる、など。

出典：吉益ほか（2012）「親子関係とマインドフルネス」より一部改変

第3章　子どももできるマインドフルネス

子どもは基本的に「マインドフルな状態」で生きている

子どもというのは、幼ければ幼いほど、「心」が「言葉」で満たされていないので、「考える」よりも「感じる」働きの方が勝っている。

そのため、ほとんどの時間を「今、ここ」で起きていることに注意を向けている。

つまり、子どもはある意味では、マインドフルな状態で生きているといえる。

その点で、私の二人の娘は非常に対照的だ。

決めつけるのは良くないが、中学生の長女は、あまりいろいろ考えないタイプである。物事を深くつきつめて考えるようなことはほとんどない。将来何になりたいなどといったことも、まだあまり考えていないようだ。難しいことをあれこれと考えることは嫌いな様子である。宿題なども、今日中にやらなくてはいけないからそろそろやろうか、と夜遅くなってから始めるような始末である。

だが、これは同時に長所でもある。将来のことを考えて不安に思ったり、心配をするようなことはあまりない。しかも、過去に起こった出来事についても、ほとんど考えることはないようなので、嫌なことがあっても、一晩寝れば翌日は何事もなかったかのように気分爽快な様子である。過去のことを深く反省したり後悔したりすることもないため、いつまでも落ち込んで気持ちを引きずることもほとんどない。

それに対して、小学生になったばかりの次女は、正反対のタイプである。意識が「今、ここ」に留まっていること、つまりマインドフルでいる時間はあまり長くないようだ。

たとえば、「明日はプールがあるよね、天気はどうかな……」と何度も確認したり、「来週までに感想文を終わらせないといけない」と、ずいぶん前から気にしたり、といったように、将来のことばかり考えて心配している。

また、過去の嫌な経験、たとえば飛行機内で吐いてしまったことなどをずっと覚えていて、「もう絶対に飛行機なんか乗らない！」と言い張り、そのたびに嫌な気分を繰り返している。

考えすぎない＝マインドフル、というわけではない

二人の対照的な行動や思考パターンを見ていると、どちらが良いとか悪いといった問題ではないことがわかる。

長女のような比較的マインドフルな子どもは、将来や過去のことをくよくよ考えず、現在のことを感じる働きが強い。そのため、いろいろなことに悩むことが少ない点が長所である。ただし、だからといって、長女が自分の感情や身体感覚などの身体の内側に注意を向けているかというと、そうではないように思う。意識はつねに外に向いているため、自分が空腹であるかどうかがよくわからなかったり、機嫌が悪くて妹に意地悪をしていることに気づかないようなこともあるからだ。

また、意識が「今、ここ」にあるといっても、マインドフルに行動しているわけではないので、たとえば「ゲームに夢中になりすぎて、数時間も過ごしてしまった」というようなこともよくある。マインドフルな状態であれば、ゲームをやりすぎるといったことにはならない。なぜなら、自分がしていること、自分の気持ちなどと距離をとって、それに客観的に気づいているからだ。気づくことができれば、コントロールすることもできる。

だから長女のようなタイプの場合、自分の内側に意識を向けるマインドフルネスをやることに効果がある。

それに対して、次女の場合は、大人と似ている。言葉に長《た》けている分、言葉によって悩みや心配事を生み出すパターンになってしまっている。だから次女の場合には、マインドフルネスは、大人と同じように「外側」と「内側」に注意を向けておこなうと、効果が期待できる。

子どもの最大のストレスの原因は、親のストレス

以下で紹介する子ども向けのマインドフルネスの練習は、あくまで「子ども向け」のやり方である。しかし、子どもにだけやらせればよいというわけではなく、ぜひ親自身も、第２章で紹介したやり方で、一緒にやっていただきたいのである。自分が実践していないで子どもにだけやらせようとしても、うまくいかないことが多いからだ。

また子どもにストレスをもたらす最大の原因は、親のストレスだということもわかっている。つまり、子どものストレスの最大の原因は、勉強や友人関係、習い事などではないのだ。だからこそ、親がマインドフルネスを実践して自分のストレスを軽減すれば、子どものストレスも軽減するのだ。

また、親が気をつけるべきは、自分のストレスだけではない。親の子どもとの接し方次第で、子どもは親の言うことを聞いたり聞かなくなったりするということも忘れてはならない。

親の言うことを聞くことができる子どもは、自分で自分の行動をコントロールできるようにもなるわけだから、衝動的に暴力をふるったり、突然キレて怒り出したりすることもなくなってくる。

オランダでは、すでに１５００人の子どもたちが学校でマインドフルネスを経験しており、ベルギーでも、じつに27校もの学校で、マインドフルネスが取り入れられているという。

子どもへのマインドフルネスの実践

子どもにマインドフルネスを教える場合、練習への動機づけを高めるため、ゲームや遊びなどを用いると効果的だ。

また、視覚や聴覚、触覚、味覚、嗅覚、運動感覚などの感覚を、楽しみながら感じることで、マインドフルな体験をできるような練習もある。たとえば、絵を描く、音楽を鑑賞する、さまざまな物に触れる、匂いを嗅ぐといったことでも、効果を高めることができる。

子どもは8歳までには言葉の知識を活用することができるようになり、言葉で物事を表現できるようになる。9歳から15歳の間には、さらに抽象的な思考ができるようになり、16歳を過ぎると、仮説や推論といった思考も十分にできるようになる。

つまり子どもは、かなり早い段階から、マインドフルネスに関する抽象的な観念を理解できるようになるのだ。

１回あたりの練習時間については、子どもの場合には、１歳につきおよそ１分間ずつ、練習できる時間が長くなるといわれている。たとえば５歳の子どもは、一般的な指導演習を５分間おこなうことができるというわけだ。

ここからは、未就学児、就学児、そして中・高校生の順に、また未就学児以外はそれぞれを健常な子どもと不適応のある子どもの場合に分けて、練習方法の例と、効果を検証した実験を紹介しよう。

練習法と効果――①健常な未就学児の場合

未就学児でも、短時間でわかりやすくマインドフルネスを練習することができる。家庭ですぐにできる練習方法をご紹介しよう。

楽な姿勢で座ってもらいます。椅子でもソファーでもよいでしょう。

最初のうちは、すぐに動きたくなったりしますが、その時は動いてもよいです。

静かに座ったら、目は閉じた方がよいでしょう。

そのまま意識を身体に向けてみましょう。

静かに座っていても、身体のどこかがずっと動いているのに気づきますか？　お腹です。

お腹に手を当ててみましょう。

膨らんで、へこみます。

呼吸にしばらく注意を向けましょう。

イライラした時、失敗した時、疲れた時などに、ちょっと呼吸を見るだけで心は静かになります。

これを4～5分ほどやってみましょう。


こうしたマインドフルネスの練習を実際におこなった未就学の子どもたちには、どのような変化がみられたか、具体的な実験を紹介しよう。

米国の心理学者、スモーレイたち（未公刊論文である）は、4、5歳児44人に対してマインドフルネスの練習をおこなった。たとえば、ボディ・スキャンや、椅子に座る練習を、週2回、8週間にわたりおこなった。そして練習をおこなわなかった子どもたちと比べてみた。

その結果、マインドフルネスの練習を受けた子どもは、実行機能（将来の目標達成のために適切な構えを維持する能力）や、対人関係のスキルが高まることがわかった。

ここで「実行機能」について少し説明しよう。

実行機能とは、「脳のプロジェクトマネージャー」ともいわれる。ある計画（プロジェクト）のマネージャーは、目標を達成するために、チームのメンバーに指示を出すなどして、うまく調整をおこなわなければならない。これと同じで、脳の「実行機能」は、自分の過去の記憶を取り出したり、感情をコントロールするなどして、ある行動を実行するための司令塔の役割をしているのだ。

だから、この機能が弱いと、自分の行動のプランを立てたり、そのプランを実行したりするためにはどうしたらよいかを筋道を立てて考え実行することが苦手になり、目の前の刺激にすぐに反応するようになってしまう。

たとえば、皆の前で自己紹介をしなければならない時には、まず自己紹介で話す内容について考え、緊張や不安で逃げ出したい感情をコントロールして、皆の前に歩いていって、勇気を振り絞って大きな声で話す、ということが必要であるが、こうしたことができなくなってしまうのだ。

そのような子どもに、マインドフルネスの練習をやってもらうと、自分の目の前にある刺激（皆の目がこちらを見ている、など）と自分の感情との間に距離をとることができるようになり、注意をコントロールすることもできるようになり、実行機能が改善するのである。

②健常な就学児の場合

就学児になると、少しずつ長い時間、集中して練習できるようになってくる。就学児向けの練習方法をご紹介しよう。

今までやっていた呼吸に注意を向ける練習を、もう少し長くやってみましょう。

背筋はまっすぐにして楽にします。目はつむります。外の世界から離れて、自分の内側の世界に注意を向けましょう。

どんなことに気がつきますか？

空気が鼻先を出たり入ったりしていることに気づくかもしれません。その空気は冷たいですか？　温かいですか？　空気が入る感覚と出る感覚は同じですか？

次に2、3回深く呼吸をしてください。注意を向けながら呼吸してみましょう。息を深く吸った時、何を感じますか？　深く吐いた時、何を感じますか？　そのまま深くゆったりしたリズムで呼吸を続けましょう。お腹が膨らんだり縮んだりするのを感じますか？　気持ちもゆったりとリラックスしてくるでしょう。

（そして、次のように教示をします。）

呼吸に注意を向けている時に、何か他のことを考えていたり、イライラしてきたりしていることに気がついたら、呼吸が速くなってくるでしょう。そのことに気づくことが大切です。そうしてまたゆっくりと呼吸に注意を戻してあげましょう。

あるいは、呼吸に注意を向けている時に、他のことに注意を向けてしまっていたら、またゆっくりと呼吸に注意を戻してあげましょう。

このようにすることで、注意の筋肉を鍛えることができるのです。練習するほどだんだん上手になっていきます。

小さな子どもであれば、家の中や公園で、5分間目を閉じて、何が聞こえるか集中してみよう、という遊び感覚の習慣を持つことでも、注意の集中を促すことができるだろう。

就学児を対象にした、もっとも信頼できる実験を、一つ詳しく紹介したい。これは米国でおこなわれた大規模な実験である。

実験は、カリフォルニア州オークランドの公立小学校でおこなわれた。937人の小学生と、47人の教師が、マインドフルネスをおこなう効果を測定した実験である。

この地区は、生徒数が増えているのに教員数が少なく、教員のストレスもかなり高まって、バーンアウトして（燃え尽きて）しまう教員が多いことから、市が資金を出してマインドフルネスを試験的に導入したという経緯がある。

それでは、なぜこの実験が信頼できる実験かというと、大きなポイントは、「マインドフルネスをおこなうクラス」と「おこなわないクラス」をランダムに決めた点である。

多くの研究では、指導する教員も気づかないうちに、マインドフルネスをきちんと続けてくれそうな真面目な子どもにだけマインドフルネスの練習を導入するといったことをしてしまっている。しかしそれでは、本当のマインドフルネスの効果を測定できなくなってしまう。比較的良い効果が出やすくなってしまうのである。

だから、より正確な効果を測るためには、「マインドフルネスをおこなう子ども」と「そうでない子ども」をランダムに決めることで、両グループの児童をさまざまな面で等質にする必要があるのである。

また、多くの指標の評価を教師がしている点も、信頼できる実験の特徴である。児童が自分自身を自己評価した場合、実験の意図がわかるので、どうしても教師の期待に沿って好意的に回答を歪《ゆが》めてしまうことが起きる。これを「期待効果」という。

あるいは、「慣れないマインドフルネスを努力してやっているのだから、効果がないはずがない」というふうに、「努力」のために、無意識のうちに「効果がある」という評価をしてしまうこともある。これは、心理学では「認知的不協和」という。

だから、効果を客観的に測るためには、自己評価よりも、教師がおこなう客観的な評価の

図3　小学生にマインドフルネスをおこなった際の効果（終了後）

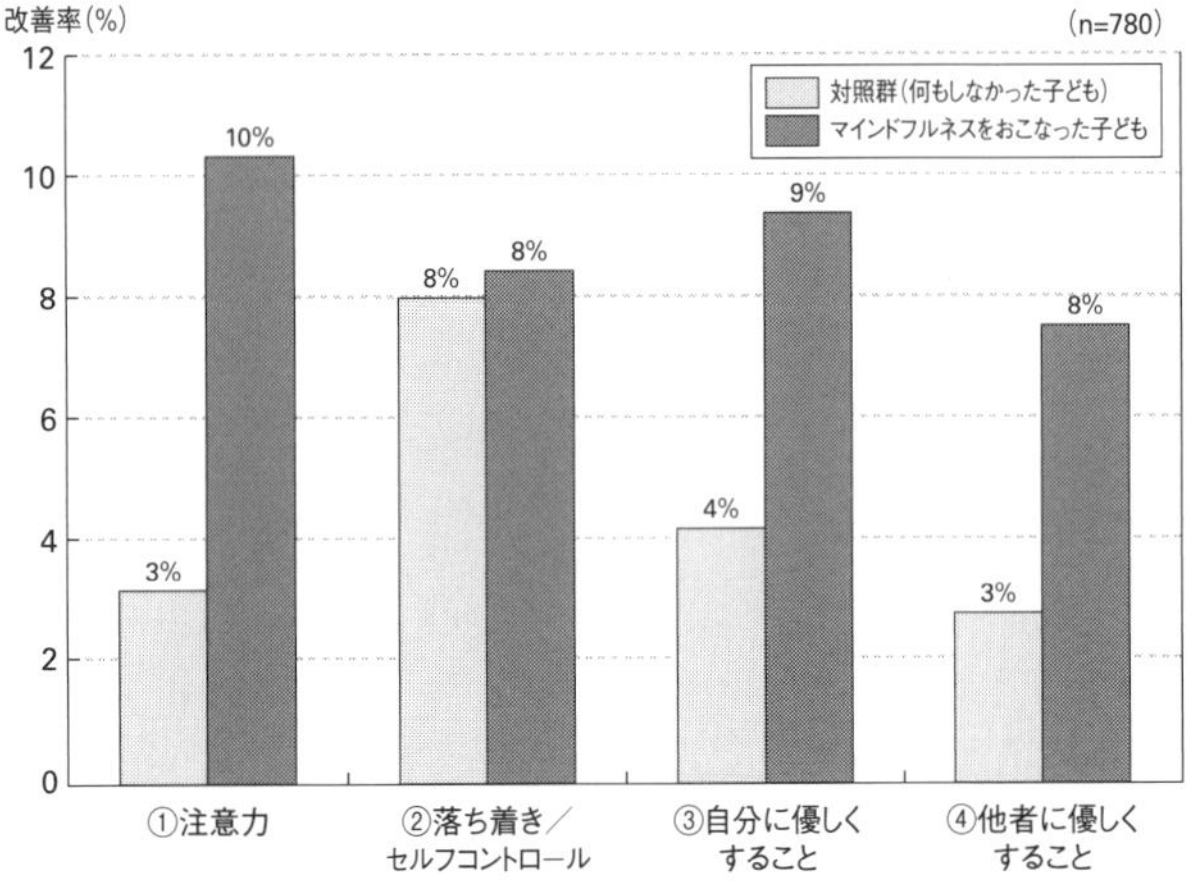

出典：Fernando, R. Measuring the efficacy and sustainability of a mindfulness-based in-class intervention. http://www.mindfulschools.org/

方が望ましいというわけだ。

さて実験では、1回15分のセッションを週に2〜3回のペースで6週間おこない、次の4つの側面について測定した。まずはメンタル面（①注意力、②落ち着き／セルフコントロール、③自分に優しくすること、④他者に優しくすること）である。

図3は、練習前と比べた練習後の改善率を表している。この図を見るとわかるように、マインドフルネスをおこなった子どもは、練習後には、②の「落ち着き／セルフコントロール」以外の項目で、大きく改善していることがわかる。

さらに、マインドフルネスの練習をお

図4　小学生にマインドフルネスをおこなった際の効果（終了から3ヶ月後）

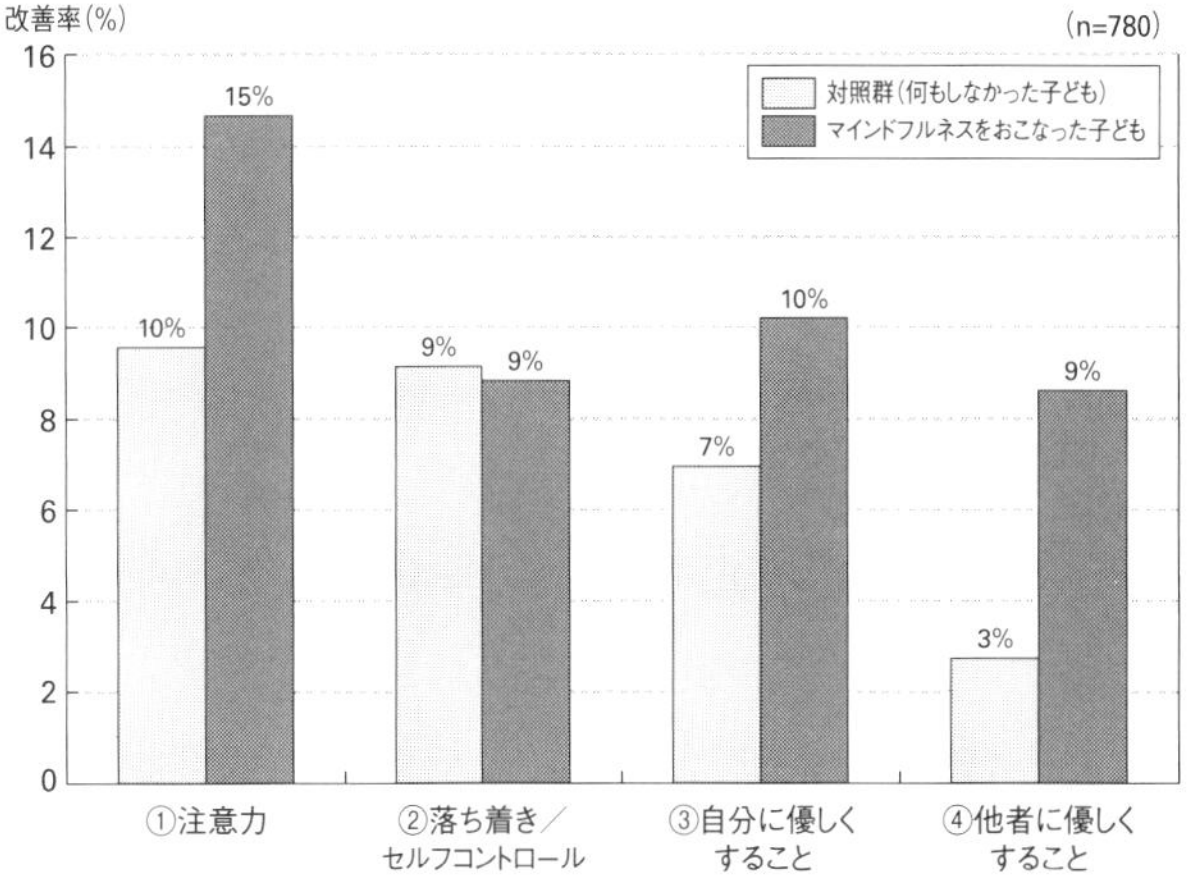

出典：Fernando, R. Measuring the efficacy and sustainability of a mindfulness-based in-class intervention. http://www.mindfulschools.org/

こなう前と、クラスの練習がすべて終了した3ヶ月後にもう一度測ってみた結果を比べたのが、図4である。

するとやはり、②「落ち着き／セルフコントロール」以外のすべての項目で、マインドフルネスの練習効果が3ヶ月後にも持続していることがわかった。

マインドフルネスの効果が練習の終了後も続いていくのは、脳の可塑性によって、脳レベルでの変化が起こったからだろう。

③不適応のある就学児の場合

先に述べたように、マインドフルネス

は、子どもの実行機能を改善することがわかっている。とくにその中でも、比較的実行機能が弱い子どもに効果があるようであり、ＡＤＨＤの小学生にも改善の効果があることがわかってきた。

多くの研究によると、ＡＤＨＤの人は実行機能に問題を抱えている。だから、自分の行動のプランを立てたり、それを実行するためにはどうしたらよいか、といったことを、筋道を立てて考えて実行することが苦手になり、目の前の刺激にすぐに反応するようになってしまう。そのような子どもに、マインドフルネスの練習をやってもらうと、やはり自分の目の前にある刺激と自分の感情との間に、距離をとることができるようになり、注意をコントロールすることができるようになり、実行機能が改善されたのだ。

またＡＤＨＤの子どもは、目の前で起きた出来事に衝動的に反応してしまうため、親の言うことを聞いてくれないことが多い。厳密にいえば、「聞かない」のではなく、「聞けない」と言った方が正確だろう。

しかしそのような子どもに対して、厳しく行動を制限して、「叱る子育て」をしているとどうなるだろうか。

子どもにとっては、叱られることで、自分の行動のコントロールの仕方を学ぶのではなく、「親は怖い人だ」とか、「親は気持ちをわかってくれない人だ」ということを学んでしまう。その結果、親子の関係は険悪になり、ますます言うことを聞かなくなってしまう。

何度も繰り返すが、子どもは親のことを受け入れていないと、親の言うことはまず受け入れてはくれない。だから、親自身の子どもとの接し方を変えてもらうことにも効果があると予想できる。

米国の精神医学者、シン［Singh, 2010］は、「親自身の子育てを見直し、子どもの悪い面に注目してきたこれまでの子育てのやり方を改めてもらうこと」を目的として、親にマインドフルネスをやってもらった。

すると、子どもとの関係が良くなり、子育てに対する満足度が上がり、幸福感も高まることがわかった。親自身の子どもへの接し方が変わり、親が子どもを受け入れて子どもの話をよく聞くようになった結果、親子の関係が良くなり、子どもも親の言うことを聞いてくれるようになったようだ。

子どもの行動や性格などに悩んでいる親は多い。しかしその原因は、必ずしも子どもの側にあるわけではない。親自身の子どもとの接し方が大きく関わっているということを、肝に銘じることが必要だと納得させられる。

そしてこの章で述べているように、子どもにもマインドフルネスをやってもらうことで、さらに相乗効果が期待できるのである。

④健常な中・高校生の場合

思春期に入ると、親子のストレスは深刻なものになってくることが多い。

その理由は、親子の双方が「自分は悪くない。相手が悪いんだ。だから相手が変われば悩みはなくなる」と、どちらも自分を正当化して、自分の信念に執着してしまうため、解決の糸口が見つからずに平行線をたどるからだ。思春期になって、子どもが親の言うことをまったく聞かなくなってしまったという変化に、戸惑う親は多い。

したがって、この時期の子どもにマインドフルネスをやらせようとしても、反発してわざとやってくれないことも多いだろう。

そのような場合には、まず親の方から、マインドフルネスを積極的にやってみることをお勧めしたい。親の子どもへの態度が変われば、子どももきっと変化するからである。

子どもに対して過度な期待をかけたり、枷《かせ》をはめて管理しようとしたりするのでは、子どもの自立心は育たない。子どもも、自分を信頼してくれない親を信頼しなくなる。

親の側がそれまで持っていた、子どもへの考え方や接し方について、マインドフルネスをすることで気づきが得られたら、そうした考え方をしていたことについて親自身がきちんと受け入れ、自分自身のこれまでの努力を認めてあげたい。そうした上で、子どもと「マインドフルに接する」ように練習をしていこう。

一方で、子ども自身もマインドフルネスをやってくれるようであれば、ぜひ試してみていただきたい。以下に、中・高校生向けの方法をご紹介しよう。


筋肉というのは、自分で意識して緩めることが難しいものです。筋肉には、収縮する神経はあっても、伸ばす神経はないからです。

だから、練習をしないと、収縮したままで気づかないことが多いものです。

とくに、イライラした気持ちや、不安や緊張を感じた時に収縮する筋肉は、肩から背中にかけてある僧帽筋と、眉間にしわを寄せる愁眉筋《しゅうびきん》、ムッとした時に口を突き出すおとがい筋です。

リラックスして安心感を感じるためには、これらの筋肉を一度しっかりと収縮させて、それから一気に力を抜いてみましょう。

その部分の感覚に気づくことは、注意を身体内部に向けてリラックスする練習になります。


まずは、腕を地面と平行に前に出して、拳《こぶし》をぎゅーっと握ってみましょう。

そのまま肩の筋肉にも力を入れて、そのまま肩を後ろに引いていきます。

こうして手、腕、肩に力を入れたまま、今度は眉間にぎゅっとしわを寄せて、唇をムッと突き出してみましょう。

5秒ほどその状態を保った後、すべての力を抜いてみます。この時、とても脱力してリラックスした感じに注意を向けてみてください。

これを一日に2～3回やってみましょう。

これは心理療法では昔からよく知られている、筋弛緩《きんしかん》法というやり方である。人は筋肉の緊張を抜くのは意外と難しいものである。自分が緊張していることに気づくことは、さらに難しい。

そこで、筋肉をいったん緊張させてから力を抜くことで、その部分の感覚に気づくことができるようになる性質を利用したものである。

⑤不適応のある中・高校生の場合

米国の心理学者、ブージン［Boozin, 2005］は、薬物依存のある13～19歳の55人の子どもたちを対象に、マインドフルネスの要素を組み込んだ練習を6週間やってもらい、やらない群と比べてみた。

その結果、練習をおこなった群は、眠気の改善や、睡眠時間が長くなるといった眠りの側面での改善が見られた。また不安などのメンタルヘルスの不調が改善した。

なお、薬物の使用量については、練習中はどちらの群でも使用量が増えてしまったが、練習から1年後に調査してみると、練習をした群は薬物使用が減っていたのに対して、練習しなかった群はそのまま増え続けていた。

練習中に薬物の使用量が増えてしまったのは、その時点ではまだ、自分の行動をコントロールする脳の機能までは改善するに至っていなかったからだろう。

さらに、米国の心理学者、ボーゲル［Bogel, 2013］は、11～18歳のADHDや行為障害、自閉スペクトラム症の子ども14人とその親に対してマインドフルネスを実施し、それをしない群と比較した。これらの障害は、いずれも「注意と行動のコントロールができない」といった共通した症状を抱えている。

子どもたちには、マインドフルを基にした練習（第1章でご紹介したようなレーズンを使った練習、呼吸、歩く瞑想など）を、8回のセッションでやってもらった（次頁の表3参照）。

測定した内容は、「自分の目標」（たとえば「数学の時間、集中して授業を受ける」など）を自分で設定して、その達成度を毎日記入してもらうものや、親が記入する「子どもに対する目標」（たとえば「子どもに言うことを聞いてもらう」）、親が記入する「自分の目標」（たとえば「夜、早く眠れるようにする」）への評価や、客観的な指標を用いた子どもの問題行動の評価（親の評価と自己評価の両方）、子どもが感じる幸福度などであった。

表３　ADHD、行為障害、自閉スペクトラム症の子どもに実施したマインドフルネスをもとにしたエクセサイズ（Bogel et al.〔2013〕より）

1	火星人になろう	レーズンエクセサイズ、マインドフルウォーキングで外側を感じる、毎日の生活をマインドフルにやろう、好きな音楽をマインドフルに聞こう、マインドフルに食べよう
2	身体のホーム	ボディ・スキャン、マインドフルウォーキングで内側を感じる、毎日の活動をマインドフルにやろう、快適な出来事をカレンダーに書き込む
3	呼吸	呼吸と共に座る、３分間の呼吸空間法、不快な出来事をカレンダーに書き込む
4	答えを出す	音と思考に注意を向けよう、自分の衝動に対処しよう、困難な出来事が起きた瞬間に呼吸に注意を向けられるかカレンダーに記入しよう
5	判断する	ヨーガⅠ：判断せずに体験し、受け入れる
6	私はだれ？	ヨーガⅡ：恥ずかしさに対処する；自分について書いたり絵に描いたり、おしゃべりしよう、自分についての一覧表を作ろう
7	私と他人	信頼のエクセサイズ、ロールプレイ、傷つきやすい瞬間に呼吸に意識を向けて空間をとって正直でいられるかカレンダーに記入しよう
8	自分自身	２ヶ月先まで毎日のマインドフルネスの予定を作ろう。エクセサイズで成長したことを書こう。コーラとチップ、石の瞑想

練習の結果、子どもたちは、集中力が高まり、衝動性が弱まり、気づきが高まるといった効果が見られた。また、直接マインドフルネスで扱った以外の部分にも効果があり、たとえば、幸福感が高まったり、目標とした行動が達成できたり、問題行動が減ったりしていた。

マインドフルネスの練習は、このような症状を持つ子どもにとっては、早く実施するほどよいとボーゲルらは主張している。それは、年齢が上がるほど、きちんとマインドフルネスを練習することが難しくなっていくからである。

子どもへのマインドフルネス──「いろいろなやり方を試してみよう」

多くの子どもにとっては、大人のようにマインドフルネスの練習に対する動機づけが高いとはいえない。そのため、楽しく続けることができるような工夫が必要である。

子どもにマインドフルネスを実践する際に、考慮した方がよい事柄を、いくつか記しておこう。

◇その子にふさわしい活動を選ぶこと

基本的には、子どもたちにゆっくりと行動させ、彼らが理解できるような方法、その子にふさわしい方法で、注意を向けさせるようにする。

私の長女の例でいえば、彼女は昔から食べ物に対して好き嫌いが激しく、味や香りを楽しむといったことがなかった。そもそも食事自体にそれほど興味がないようである。

そうすると、「レーズン練習」は、彼女のためにはあまりふさわしい練習ではないと判断できるだろう。

一方で彼女は、非常に視覚的に反応する特徴があった。見た目や外見によく反応するし、食べ物でも、見た目で好き嫌いを決めているようなところもあった。

そこで私が使ってみたのは、オイルタイマー（液体が一滴ずつ下に落ちていくおもちゃ）や、瓶の中でキラキラと砂が舞い上がっては沈んでいくおもちゃ（名称不明）などであった。

それに対して次女の方はといえば、音楽や音が大好きだった。ピアノも好きだが、逆に蝉は「鳴き声が嫌い」という理由だけで、嫌いな昆虫の代表になってしまうといった具合だ。

そこで私が使った方法は、トライアングルを鳴らして、その音が完全に消えていくまで聞いているというものや、好きな音楽をじっくり聴く、などという練習だ。

また彼女は、匂いにも敏感だったので、アロマを焚《た》いて、何の匂いか推測するようなことに集中させたり、匂いが変化していくことに気づいてもらうようにするような方法も効果的だった。

このように、子どもの個性、とくに、五感の中で秀でているものとそうでないものを見分けて、秀でている感覚に焦点を当てるようにすると、スムーズにマインドフルに入っていくことができるだろう。

◇呼吸の練習をする場合の工夫

子どもは年長になれば、あまり助けを借りずに呼吸に注意を向け続けることができるだろう。しかし幼い子どもたちは、呼吸に集中するのが難しいため、工夫が必要だ。

そこでたとえば、子どもをあおむけに寝かせてお腹の上にぬいぐるみを置いて、呼吸とともに上下するのを見せたり、お腹が膨らんだり縮んだりするのを触覚的に感じてもらったりした。

また、シャボン玉を作るのも面白い。シャボン玉を作る時の息の吐き出し方に集中させて、「できるだけ大きなシャボン玉を作ってごらん」とか、「小さなシャボン玉をたくさん作ってごらん」「大きなシャボン玉の中に、小さなシャボン玉を作ってごらん」などというふうに、楽しみながら呼吸に注意を向けさせるのもよいだろう。

他にも、アナログ式のタイマーを目の前に置いて見せながら、「この針がここにくるまで、ゆっくり息を吐こう」などと、視覚的にもわかりやすくやってみると、理解しやすくなる。

◇強制してはならない

嫌な時に強制してやらせようとすると、子どもにとってマインドフルネスは「罰」として捉えられてしまうだろう。マインドフルネスは決して罰ではない。

もし子どもたちがマインドフルネスの素晴らしさに気づくことができたなら、それは素晴らしいことだ。

しかし、もしできなくても、いずれできるようになるだろうと考えて、子どもがやる気がある時に、やらせるようにしたい。

とはいえもちろん、やる気が出るのを待っているだけでは、なかなか進まないだろう。練習が終わる時には、「今日はすごくよくできたね」というように褒めたり、「気持ちがとても落ち着いているでしょう」というように心の変化への気づきを促したり、何日も続けられているようなら、「最近、以前より落ち着いて行動できるようになって嬉しいな」というような親の気持ちを表現することも大切だろう。

またできれば、毎晩、寝る前にやってみる、などというように、定期的に続けることができれば、効果はより高まるだろう。

◇親自身もマインドフルネスを体験する

これはここまでにも繰り返し書いてきたことだが、子どもにマインドフルネスを教えるとしたら、一緒に、あるいは先に、親自身が、マインドフルネスを体験しておくことが望ましい。

自分自身の経験がないと、子どもがいろいろなことを質問してきた時に、聞きかじりの知識を伝えることになってしまう。それよりも、親が自身の体験に基づいて話した方が、子どもにとってはよほど説得力があるからだ。

また、親自身が一緒にマインドフルネスに取り組んでいる方が、子どもも当然「やってみよう」という気持ちが湧いてくるに違いない。

マインドフルネスを実践している親は、より子育てを楽しんでおり、子育てから満足や幸福感を感じている。さらに興味深いことに、彼らの子どもたちは、マインドフルネスを教えられていなかったにもかかわらず、より親の言うことを聞いたり、攻撃的でなかったりすることが明らかになっている。

最後に、子どもたちが大好きな練習を一つ紹介しておこう。

【チョコレート・エクセサイズ】

目を閉じてください。何が起きても決して開けてはいけません。少しだけ口を開けてください。これから口の中に何かを入れます。噛まないで、口の中で溶かしてください。どんな感じがしますか。よく注意してみてください。忙しい時はわからないようなことが起きているかもしれません。よく味わって、舌触りや温度、柔らかさはどうですか。香りはどんなふうに感じますか。

噛んではいけません。呼吸をゆっくりしながら、溶かしてみましょう。口の中のものが溶けるのにつれて、あなたの心も溶けていくのを感じましょう。

数分経ったら、噛んでみましょう。香りや感覚が、一層強く感じられることでしょう。舌を使って口の中で転がして、これまで味わったことのない場所を使って味わってみましょう。舌の横や、根本や、その他、いろいろ探しましょう。何か感じることはありますか。

さあ飲み込んで、一つになりましょう。

その感覚をしばらく味わいます。身体の内側に沈んでいった幸せの種が、すくすく育って、全身にいきわたるところを想像してみましょう。


子どもへのマインドフルネスの教え方をもっと学びたい方は、『親と子どものためのマインドフルネス』（エリーン・スネル著、サンガ）もお勧めだ。

第4章　マインドフル・タッチング

マインドフルネスとタッチングの統合

最後の章では、筆者がこれまで研究してきたタッチングと、マインドフルネスを統合させる試みについて紹介したい。タッチングとマインドフルネスのそれぞれに、絶大な効果があることは、これまでの研究でもわかってきているが、これら2つを統合させた場合、さらに効果が倍増すると思われるからだ。

そしてまた、この章で強調したいことは、親自身が変わるためにも、ぜひとも親自らが、マインドフル・タッチングを実践してほしいということだ。マインドフル・タッチングをすることで、親の側に大きな心の変化が生まれ、それによって、子どもとの関係に良い影響が出ることが期待できる。

タッチングというと、ベビーマッサージやタッチケアのように、主に子どものためにおこなうものというイメージが強い。

もちろん、子どもに触れることで、子どもにオキシトシン（親子の絆を強めたり、ストレス反応を抑制する物質）が分泌され、親と子の絆を強めたり、ストレス耐性が高まるといった効果が確認されており、著者のこれまでの著作の中でも紹介してきた。

ただ、繰り返すが、これから述べるマインドフル・タッチングは、親がおこなうことで、親自身の側に起こる変化を期待するものだ。

そのキーワードになるのが、アタッチメント（愛着）である。アタッチメントは重要な概念なので、最初に説明しておこう。

アタッチメント（愛着）とは

発達心理学の分野でアタッチメントの研究のパイオニアである、イギリスの児童精神科医ジョン・ボウルビィ（1907〜1990）は、子どもが危機的な状況に直面して、不安や恐れなどのネガティブな感情を感じた時に、親などの特定の人にしっかりとくっつくことで、安心や安全の感覚を回復しようとする傾向を、「アタッチメント（愛着）」と呼んだ。

つまり、不安や恐れなどの感情の乱れを、自分と愛着対象との間の関係によって調節する仕組みを、アタッチメントと呼ぶのである。

アタッチメントの4タイプ

ボウルビィの教えを受けたメアリー・エインズワース（1913〜1999）は、子どもの愛着行動について、実験的に測定する方法として、「ストレンジ・シチュエーション(strange situation)法」を考案した。これは赤ん坊に、母親との分離や、初対面の他者と出会う場面、そして母親との再会場面を経験させ、各々における反応を分類する方法である。それによると、愛着行動は大きく次のタイプに分けられる。

Aタイプ（回避型）の子どもは、母親が実験室を出ても後追いや泣きが見られず、愛着を示さない。このタイプの子どもの母親は、全般的に、子どもの働きかけに拒否的にふるまうことが多い。

Bタイプ（安定型）の子どもは、母親を安全基地として利用することができ、母親が退室する時には泣いたり抵抗したりしても、母親が戻ってくると再会を喜ぶ。このタイプの子どもの母親は、子どもの欲求や状態の変化などに相対的に敏感であり、子どもに対して過剰な、あるいは無理な働きかけをすることが少ない。

Ｃタイプ（両価・アンビバレント型）の子どもは、母親から離れようとせず、母親と離れると混乱し、再会後も回復が遅く、母親を責める行動も見られ、不安定な愛着を示す。このタイプの子どもの母親は、子どもからのメッセージに対する敏感さが相対的に低く、自分の気分や都合によって、対応が一貫性に欠ける傾向がある。

Ｄタイプ（無秩序・無方向型）の子どもは、その後１９９０年代にメインたちによって見出されたタイプであり、激しい愛着行動の後に回避するなど、一貫性がなく、親への恐れなどが含まれる。このタイプの子どもの母親は、心的外傷から十分回復していなかったり、抑うつ傾向が高いことが多い。被虐待児に多く見出されるタイプでもある。

愛着は皮膚感覚から作られる

著者はこれらのアタッチメント（愛着）は、そもそも皮膚の感覚から築かれると考えている。その理由について説明しよう。

まずは「体」「心」「頭」の３つの関係について説明したい。

「健全な精神は健全な肉体に宿る」といわれるように、「心」というのは「体」という土台の上に成り立っている。身体各部位からの感覚の入力がなければ、脳は機能しないからである。

「心」の基盤になっているのは、この五感の「感覚」、つまり「体」の感覚である。感覚は生理的変化によって生じるものでもあり、心理的に感じられるものであるため、「体」と「心」が混とんと入り混じった状態にある。

この感覚が基になって「感情」が生まれてくる。皮膚感覚（触れられることなど）によって快感が生まれたり、美しい音楽を聴いてワクワクするといったことだ。

さらにその上、最上部に、認知的な機能である「頭」がくる。

だから、私たちが「頭」で理性的に、かつ冷徹に判断しているように思っていることでも、実際には、身体の動きや感情などの「基礎」となっている部分からの影響を大きく受けているのである。この順番は下から上に向かって影響を与えていくため、ボトムアップという。

一方で、今度は逆に、「頭」→「感情」→「感覚」のように、上から下に向かって順に影響を与えていくこともある。

たとえば、すでに「この人は信頼できる」と認知している人から、話しかけられたり、その人と一緒にいたりすると、「嬉しい」と感じ、「心地よい」と感じるだろう。するとその人

図5　「体、心、頭」と「皮膚感覚および愛着」の関係

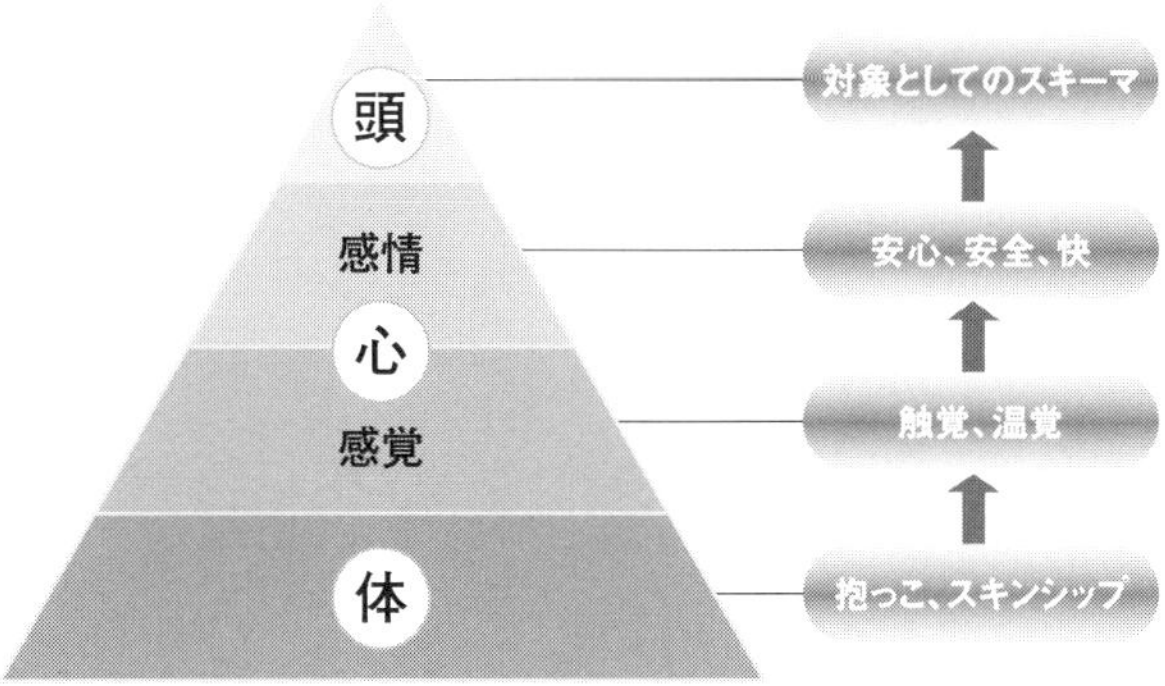

に触れたくなるかもしれない。

逆に「信頼できない」と頭で考えている人に話しかけられると、「嫌だ」という不快な感情が生まれ、「気持ち悪い」という感覚が生まれてくる。するとその人から身体を離したくなるだろう。この順序をトップダウンという。

さて、愛着については、一般的には、脳の中に蓄えられている「表象」として捉えられている。確かに、最終的にはそのようになるものではあるが、著者はその前提として、乳幼児期に親に繰り返し抱っこされるなどの、ボトムアップの経験によって作られると考えている。

赤ん坊が親に繰り返し抱かれることは、身

体レベルの体験、つまり、母子の皮膚の接触という「体」を通した体験である。

皮膚を温められる「感覚」は、脳の下層に位置する脳幹や中脳レベルで感じる体験である。そして優しく抱っこされることで、赤ん坊の脳では安心や快といった「感情」が、その一つ上にある大脳辺縁系で生まれてくる。

こうして温感や触覚の「感覚」と、安心感や快感の「感情」が結びつくことになる。さらに、不安な時には親にくっついて抱っこしてもらうことで、「親はいつでも自分を守ってくれて、安心させてくれる存在なんだ」という表象や認知のスキーマ（心理学的なモデル）となって、最上位の「頭」、すなわち大脳新皮質に刻み込まれていく。それはまた、「自分はそのようにされる価値がある、大切な存在なんだ」という自尊感情や自己肯定感ともつながっていく。

不安定な愛着は、皮膚感覚を変えてしまう

これに対して、不安定な愛着が作られる場合はどうだろうか。

もしも不安な気持ちの時にも、抱っこして慰めてもらえなかったとしたら、触覚や温感な

どの皮膚の「感覚」と、安心や安全といった「感情」を結びつけるルートは作られない。

また、もしも抱っこされたとしても、それが冷たい抱っこだったとしたらどうだろうか。皮膚感覚と「不安・不快」な感情が結びついてしまう。すると将来にわたり、触れられる感覚によって「不快な気持ち」が湧いてしまうことになる。さらにそれによって「親は自分が不安な時に、安心させてはくれない存在だ」というスキーマが作られ、そこから派生して、「自分はそのようにされる価値のない人間だ」といった自己否定感を生んでしまう。これが不安定な愛着である。

こうしていったん不安定な愛着が築かれると、今度は逆に、自分の感情に影響を与える。抱かれても安心できないし、抱かれた時の皮膚感覚も変わってしまう。

成人のアタッチメント

前述のように、アタッチメントの関係が作られるのは乳幼児期である。そして興味深いことに、乳幼児期のアタッチメントのタイプと、20歳の時のアタッチメントスタイルは、3分の2程度一致するとされている。

図６　ブレナン（Brennan）らによる愛着スタイルの４類型

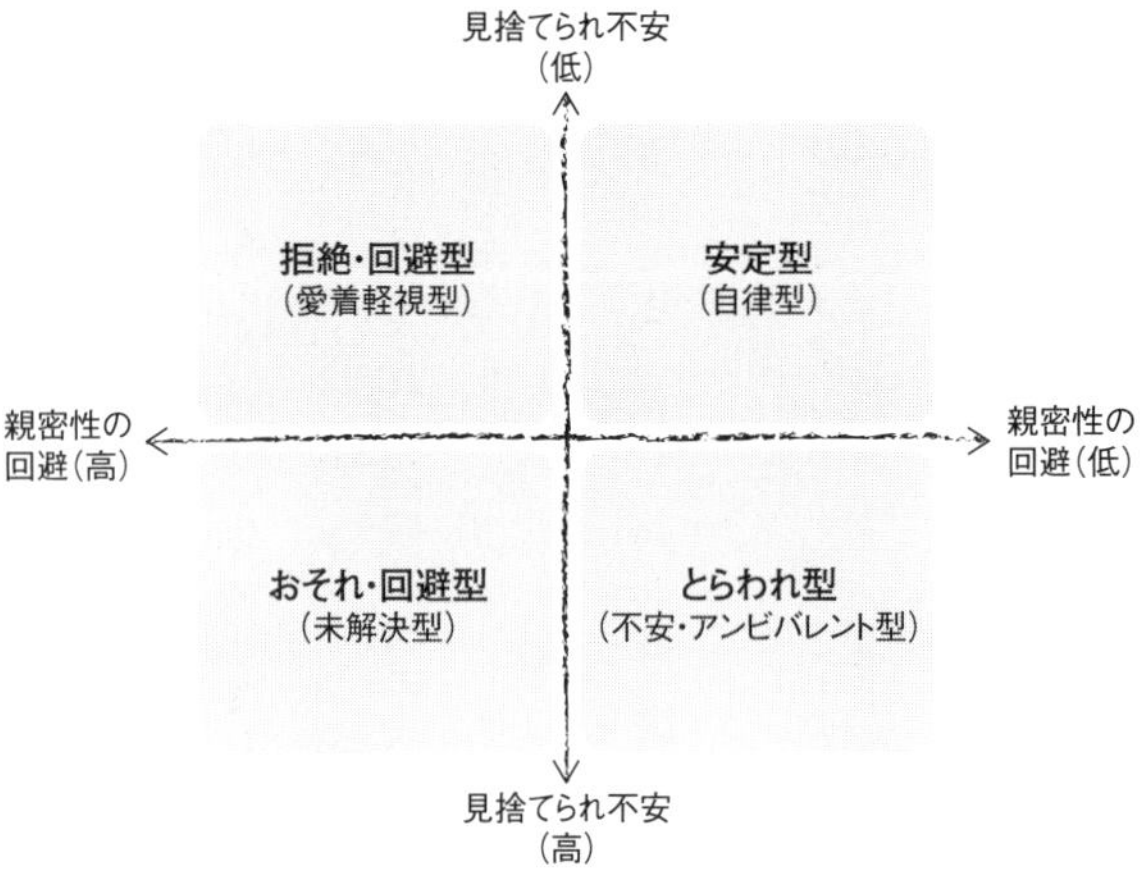

成人後のアタッチメントスタイルは、「アダルトアタッチメント」とも呼ばれる。

多くの研究によって、成人のアタッチメントスタイルは、アタッチメント関係の「不安」と「回避」という２つの次元で分類できる。

図６を見ながら説明しよう。

「見捨てられ不安」の軸で高い方にある人（縦軸の下側）は、対象になる人（配偶者や恋人など）と親密になりたいという強い欲求を持つが、一方でそのような関係性が続くことへの不安が強く、見捨てられたり拒絶されることを恐れている。そのため、相手に見捨てられないように、つねに相手の行動を監視したり、自分だけを見てほしいといった方略をとることが多くなる。

一方で「親密性の回避」の軸で高い位置にある人（横軸の左側）は、相手と親密になることを回避したり、制限したりして、相手との間に一定の心理的な距離を置くことで、アタッチメントの関係が傷ついたり壊れたりしても、自身が傷つかないようにすることが多くなる。

アタッチメントの分類は、この「不安」と「回避」の２つの次元によって、次頁の図７にも示したが、以下に述べる４タイプに分類されることが多い。

これら４つのタイプのアタッチメントスタイルについて、簡単に説明していこう。

「**安定型**（**自律型**）」は、不安も回避も低く、自分は他者から尊敬され、愛される価値があると感じており、アタッチメントの対象に対しても信頼できると感じている。このタイプの人は、親密な関係を発展させることや、必要であれば、他者に依存することもできる。

「**とらわれ型**（**不安・アンビバレント型**）」は、不安が強く、回避が低いタイプである。相手と親密になりたいという過剰なほどの欲求はあるものの、相手がそれに応えてくれることを信じきれないところがある。自分の幸福感は他者からの評価に影響されており、他者から拒絶されたり、見捨てられることに対して、過度に不安を感じている。

「**拒絶・回避型**（**愛着軽視型**）」は、不安が低く、逆に回避が高いパターンで、相手を信頼できないと思っている。自分に自信があり、自分はネガティブな感情に対して傷つきにくい

図７　４つのアタッチメントスタイルと安定型・不安定型

安定型（自律型）	安定型
とらわれ型（不安・アンビバレント型）	不安定型
拒絶・回避型（愛着軽視型）	
おそれ・回避型（未解決型）	

と感じている。このタイプの人は、アタッチメントの要求を最小限にし、相手から距離をとり、情動の表出を抑制することで、拒絶されても傷つかないようにして、ポジティブな自己イメージを維持しようとする。

安定型以外の３タイプは、不安定型と呼ばれ、成人の約３分の１が、不安定型愛着スタイルを持つと考えられている。ただし、適応しているアタッチメントスタイルは安定型だけ、という意味ではなく、それ以外の３タイプであっても、必ずしも不適応だということではない。

しかし「**おそれ・回避型**（**未解決型**）」は、対人不信感（喪失や虐待などのトラウマ体験）を経験しており、それが親密さを不快に

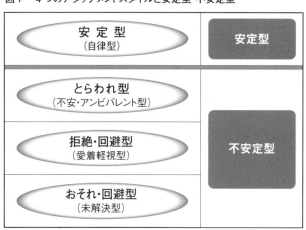

感じさせたり、親密な関係を回避することにつながっている。このタイプの場合、カウンセリングが必要になってくる。

オキシトシンでアタッチメントは安定型になる

アタッチメントスタイルは一般的には、一生変わらないものだと思われている。しかしそうではない。アタッチメントスタイルは、成人後も変化するのである。じつは、アタッチメントを変える物質があるのである。それは先にも述べた「オキシトシン」である。

ドイツの心理学者、ブクハイムら [Buchheim, 2009] は、不安定型のアタッチメントスタイルを持つ26人の大学生を、ランダムに実験群とコントロール群に分けた。実験群の大学生には、オキシトシンを鼻から吸入してもらい、コントロール群の大学生には、比較のためにオキシトシンが入っていない液体（水）を鼻から吸入してもらった。

さて、参加者は、オキシトシン、あるいは水を吸入後、アタッチメントスタイルを測るテ

図８　アタッチメントスタイルを測るために用いられた絵の一例

ストに回答してもらった。

それはたとえば、図８のような絵を見せて、それに対する回答としてＡ～Ｄの中からもっともふさわしいと思う文章を、ランクづけして順序を答えてもらうものだった。その内容は次の４種類であった。皆さんも、次のＡ～Ｄのどれに近いか、一つ選んでみてほしい。

Ａ（とらわれ型）：その少女は、何をしたらよいのかわからずに、外を見ている。外で遊びたいか、一人になりたいと思っている。

Ｂ（拒絶・回避型）：女の子が悪いことをして、お母さんが罰として彼女を軟禁している。彼女は自分の部屋に行って、何かを読んで気を紛らわせている。

Ｃ（安定・自律型）：女の子は外を見てい

る。彼女は病気のため外出できず、自分のことを考えている。すると母親がやってきて、彼女を抱きしめた。

Ｄ（おそれ・回避型）：女の子はどこか自暴自棄に見える。誰かに見捨てられたのかもしれない。彼女は世の中から隠れて、消えてしまいたいと思っている。


このようなテストを、32枚の図版について回答してもらった。

さて結果はどうだったであろうか。

実験に参加した大学生は、全員が不安定型のアタッチメントスタイルであったが、オキシトシンを吸入したグループの人は、実に７割もの人が安定型に変化していたのだ。オキシトシンをわずか１回吸入するだけで、アタッチメントスタイル自体がこれほど変化したというのは、驚くべき結果だといえる。これは次頁の図９の②の矢印に該当している。

オキシトシンは、脳の広範囲に働きかけ、とくに扁桃体の活動を抑制して、不安や恐怖を弱め、人と人との絆を強める働きをしていることは、多くの研究からわかってきている。

今回の実験では、オキシトシンの作用によって、人を信頼したり、人との絆が強まるといった心理的変化が生まれて、それがこの心理テストに反映されて、安定型のアタッチメント

図９　タッチングとオキシトシンの作用、アタッチメントスタイルの好循環

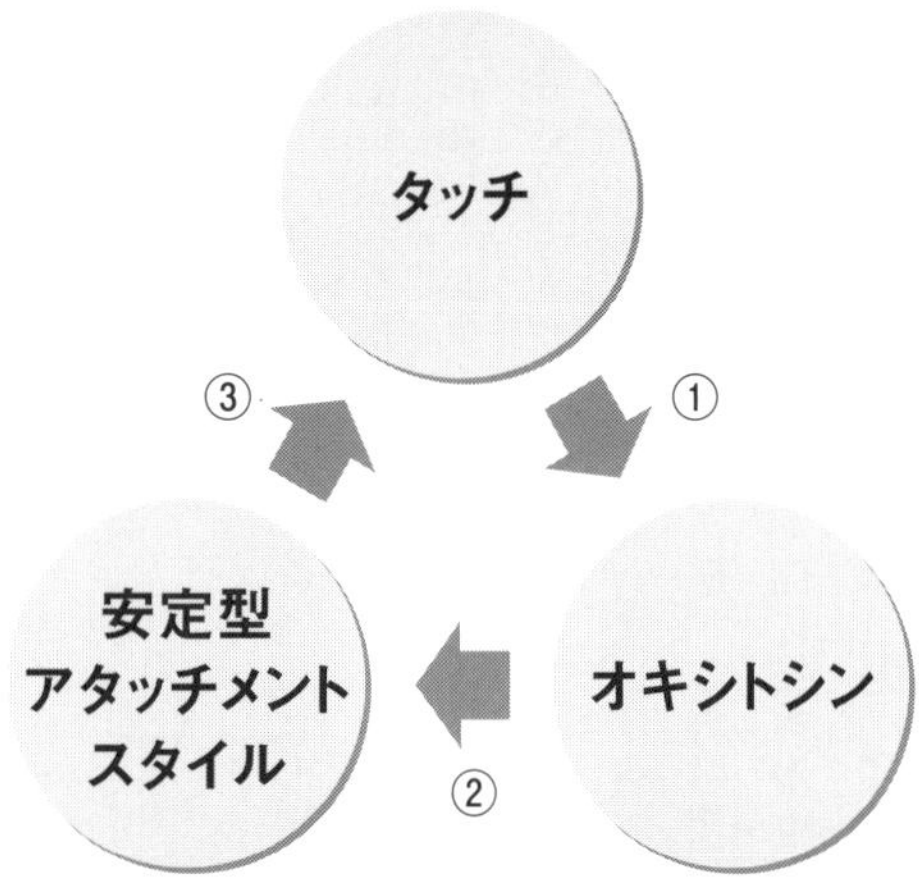

スタイルを選ばせることにつながったのだと考えられている。

ただし、アタッチメントスタイルは、もともと人の心の中に言葉やイメージのような表象として作られているものであり、人と関わる時にその姿を現わすものだ。だから、オキシトシンの吸入によってそれ自体が安定型に変化したわけではない。このことには論文の筆者たちも注意を促している。予想していた通り、３週間後に全員に同じ実験を繰り返したところ、もとの不安定なアタッチメントスタイルに戻っていたからだ。

だから、オキシトシンを定期的に吸入して、つねに脳の中でオキシトシンが高い状態であれば、恒常的に安定型になることは十分に考

えられる。とはいえ、そのための方法として、薬として精製したオキシトシンを常時吸入して脳に入れ続けるというのは、現実的ではない。

それでは、いったいどうしたらよいだろうか。

ここでは２つの方法を提案したい。

タッチングでアタッチメントを修正する（「ボトムアップ」の方法）

前述のようにオキシトシンは、一時的であれ、アタッチメントスタイルを安定型にする作用がある。

それではどうしたら、オキシトシンを脳内で分泌させ続けることができるだろうか。

そのもっとも良い方法が、タッチングである。

たとえば、米国の行動経済学者のグループ［Morhenn, 2012］は、マッサージをする前後で、血中のオキシトシンを測ってみた。するとオキシトシンの濃度は上昇していた。

これは、マッサージを受けた人のオキシトシンを測った実験であるが、著者の実験では、マッサージをすることで、施術者の側のオキシトシン濃度も高まっていることを突き止めた。

つまり、養育者が子どもにタッチングをすることで、触れる養育者の側にも、オキシトシンが分泌されるのだ。

すると子どもだけでなく、養育者のアタッチメントスタイルも、安定型に変わってくるだろう。こうして図9の①の「タッチ」→「オキシトシン」の矢印が成立する。

次に米国の心理学者、シンプソンら［Simpson, 1992］の実験では、アタッチメントスタイルとタッチングの関係について明らかにした。図9の③の矢印であるが、これはつまり、アタッチメントスタイルが安定型のカップルでは、不安な状況では相手にタッチをして、お互いを慰めることが多いということなのだ。

このようにして、「タッチ」→「オキシトシン」→「安定型アタッチメントスタイル」→「タッチ」→「オキシトシン」……という好循環のループができあがるのである。

このサイクルをきちんと定着させるためには、たまにじっくりマッサージを受ける、といった触れ方よりも、毎日少しずつでもよいので、触れる頻度を増やしていく方が効果的である。

では、触れるとなぜ心が変わるのか、別の観点からも見てみよう。

触覚は、命の感覚

私たちは、頭ではわかっていても、感情が伴わないと、なかなか行動に移せないことが多い。ダイエットにしても、禁煙にしても、運動習慣にしてもそうだ。多くの人が思い当たるであろう。

これと同じように、病気で手術をした方がいいことはわかっているけれど、なかなか手術に踏み切る勇気が持てない人がいる。このような時、ある外科医師は、３Ｄプリンターを使って、患者の臓器の模型を作るようにしているそうだ。

患者の臓器を３Ｄプリンターで作ることによって、医師の側は、患者の臓器や病巣を詳細に見て、手術のやり方や効果を検討できる。しかし、それだけではない重要な効果もあるという。

それは、３Ｄで作った臓器を、患者に手で触れさせるのだ。人は何かに触れると、その対象を「心が宿るもの」のように共感的に理解する傾向がある。だから、自分の臓器に自分の手で触れることで、患者の心は大きく変わる。手にとることで愛おしく思うようになって、

「触ることで『自分の身体を大切にしよう』と心から思うようになった」と言う患者もいるという。

また臓器とともに、そこに巣食う癌の模型に実際に手で触れてみることで、癌と戦う気持ちが湧き起こってきた患者もいるという。

普段私たちは、得体の知れないものに恐怖や不安を感じ、それを避けよう、そこから目をそらそうとする傾向がある。しかし、3Dの臓器に実際に手で触れることができると、実感が湧いて安心し、それがポジティブな心境へと変化を起こすのだ。

じつは「実感を生む」ということには、脳の前頭葉が関係しており、それには「触覚」が大きな役割を果たしているのである。

だから、もしダイエットをしたくてもなかなか続かない人がいたら、ぜひお腹の脂肪などに手でじっくり触れてもらいたい。きっと実感を伴って、太っていること、自分を大切にするためにはやせなければならないことが理解できるはずだ。

マインドフルネスでアタッチメントに気づく（「トップダウン」の方法）

このようなボトムアップのアプローチに対して、マインドフルネスの場合は、認知的なプロセスから入っていく。つまり、自分の思考に気づき、次に感情に気づき、最後に身体感覚に気づくことを目標にするといったように、トップダウンのアプローチだといえる。

マインドフルネスをすることで、アタッチメントスタイルは修正されるが、それは自分が無意識的にしている反応や行動パターンに気づくからである。

このプロセスは、「**メンタライジング**（mentalizing ＝心で心を知るはたらき）」と呼ばれている。メンタライジングは、自分自身について客観的に考えたり、他者の心について客観的に考えたりする心の機能のことである。この能力によって、私たちは他者の行動を予測することができる。

メンタライジングは入れ子の構造をしているため、その能力を測ることもできる。たとえば以下の文章を読んでほしい。

①私はあなたの考えを理解することができる。
②私は誰かの考えについてのあなたの考えを理解することができる。
③私はある人物の考えについての誰かの考えについてのあなたの考えを理解することさえできる。

③まで理解できれば、メンタライジングの能力は申し分ない。

メンタライジングの能力は、対人関係の能力とも関係がある。人とうまく付き合っていくためには、まずは相手の気持ちについて正確に把握する必要があるからである。子育てでいえば、親は子どもの気持ちや考えに、きちんと気づくことができることが重要なのである。

このようなメンタライジングの能力に関わっているのが、前頭葉である。メンタライジングをしている時の脳の活動を測ってみると、「内側前頭前野」という前頭葉の領域が活性化していることがわかっている。

これは、マインドフルネスをおこなうことで活性化する領域でもある。したがって、マインドフルネスをすることで、メンタライジングの能力が高まり、それによって自分自身や相手の行動を、客観的に、距離を置いて観察することができるようになる。すると自身のアタッチメントスタイルにも気づくようになってくるのである。

マインドフル・タッチングの提唱

以上のように、マインドフルネスは、自分自身のアタッチメントスタイルに気づかせてくれるメンタライジングの効果がある。メンタライジングの能力が高まると、我が子の心の状態にも気づきやすくなる。そこにさらにタッチングを加えると、その効果は増幅されて大きくなるのである。

マインドフルネスの創始者である、ジョン・カバット＝ジン博士は、皮膚と心の関係について次のように述べている［Kabat=Zinn, 2013］。

私たちが皮膚に注意を向ける時、私たちの心は皮膚に宿っているかのように感じる。眠っている時以外は皮膚と心は共にある。皮膚は心の一つの側面であるといった方が正確かもしれない。

これが正しいことは、実際の実験によっても確かめられている。ハーバード大学のケールたち［Kerr, 2011］は、マインドフルネスの8週間の練習をしたグループと、しないグループに分け、それぞれの人の手と脚に、触覚刺激を与えた時の脳活動を測定した。

すると、前者は後者よりも、α波の活動が強く出ることがわかった。つまり、マインドフルネスは身体に意識を向けることがねらいであるため、皮膚への刺激に対してもそこに十分に注意を向けられるようになるということだ。

これまでの練習方法では、たとえばレーズンを使った練習のように、味覚を刺激したり、あるいは音に意識を向けるような、聴覚を使った練習が多かった。それに対して、皮膚は人体最大の臓器であることを利用して、もっと皮膚感覚を使った練習をしてみると、さらなる効果を上げることができると筆者は考えている。

マインドフルネスがよくわからなかったり、なかなかうまくできず、深まらないような場合には、タッチングを使って練習していくとよいだろう。

マインドフルネスと「手当て」の併用で大きな効果

実際に、マインドフルネスとタッチングを同時に用いる治療によって、大きな効果があることを証明した研究がある。

スウェーデンの心理学者、ストゥータら［Stotter, 2013］は、抑うつの症状を持つ患者28人に対して、マインドフルネスの訓練をする際に、セラピストが患者に触れる「手当て」も同時におこなった。この「手当て」は、「ハコミセラピー」といって、手を動かさずに患者に触れることで、その部位への注意を向かわせやすくする治療法である。

実験の結果、抑うつ症状のほとんどは、この施術を受けなかった患者よりも低減していた。この結果は、「手当て」はおこなわずにマインドフルネスだけをおこなったとしても、見られるものである。しかし、とくに「手当て」を併用することの効果として、睡眠障害や身体症状も改善した点に、この施術のメリットがある。

抑うつの人は、身体感覚が鈍くなっていることが多い。皮膚の感覚が鈍かったり、筋肉に緊張が入っていることに気づけなかったり、疲労感がわからなかったりするのである。

マッサージや「手当て」には、リラックスを促して睡眠を促す効果や、身体症状を抑制する効果がある。だからこそ、マインドフル・タッチングには心身の両面に効果があるといえるだろう。

タッチングの際は、子どもがじっとしていなくてもよい

これまで述べてきたように、マインドフルネスは、思考を「今、ここ」にとどめておき、心が過去のことに向かい続けて、雪だるま式に抑うつが大きくなってしまうのを防ぐ働きを持つ。

その方法として、触れた部位の皮膚の感覚に注意を向けることは、実に有効である。それと同時に、タッチされた部位に注意を向けると、鈍化している身体感覚を覚醒させることにもつながる。

それは前述のカバット＝ジン博士が指摘しているように、皮膚にはまるで心の一部が宿るように、皮膚は私たちの心にとって実に大きな影響を与えているからである。

今度はこのことを、子どもとの関わりの仕方に応用してみる。

子どもに触れて、そこに注意を集中してマインドフルになると、親は子どもの心に注目することになり、同時に自分自身のアタッチメントスタイルに気づくことにつながる。

私の経験では、当初は、触れた時の手の感覚に意識を向け続けるようにするためには、子どもがじっとしている時でないとなかなか難しいと思っていた。

しかし、子どもは寝ている時以外は、つねに動いている存在である。そこで、子どもが動いている時に試してみたところ、子どもにじっとしてもらわなくても、ほんの数秒、意識して触れて、そこに注意を向けるようにするだけでも効果があることがわかった。

そうして子どもの肌に触れることで、その温もりから何を感じるか、といったことに注目してみる。

感じたことを「良い」「悪い」といった評価はせず、そのままにしておく。悪い感じがしたとしても、まったく構わない。子どもに対して抱く感情は、人それぞれだし、一日の中でも何度も変わっていく。今触れた時に感じたことが、ポジティブなことだったとしても、数分後にもう一度触れた時に、同じように感じるとはまったく限らない。だから、感じたことの善し悪しではなく、手の感覚に意識を向け続けることが大切なのだ。

「皮膚感覚を感じる」というボトムアップの方向で、身体感覚を通して、自身の心に気づきを得やすくなるだろう。そして触れることによるオキシトシンの作用で、アタッチメントスタイルが安定型になってくる。

子どもは触覚を使うとマインドフルになれる

さらに、触覚とマインドフルネスについては、子どもに関して興味深い事実がある。子どもは他の感覚に比べて、触覚が優位な状態で生まれてくる。

京都大学の研究でも [Shibata, 2012]、生まれたばかりの赤ちゃんに、触覚刺激、聴覚刺激、視覚刺激をそれぞれ与えた時の脳活動を測ってみると、触覚刺激に対してもっとも活性が大きく、かつ脳の広い領域に刺激があることがわかっている。

新生児期はもちろん、幼児期、小学校低学年くらいでも、触覚の刺激が大好きだ。だから粘土遊び、土いじり、フィンガーペインティングなどなど、触覚優位な特徴を存分に活かした遊びをしてあげるとよい。

さらに、実際に、ポーランドの心理学者、マヤ＝スタンコ［Stanko-Kaczmarek, 2016］は、フィンガーペインティングをしている時と、絵筆で絵を描いている時とで、子どもがどれだけマインドフルな状態になっているかを測定してみた。すると、フィンガーペインティングをしている時の方が、マインドフルな状態になっていることがわかった。

このように、楽しく遊んでいる中で、マインドフルになっていくのが、子どもにとっての理想である。普段から、このような遊びをふんだんに取り入れることで、勉強やスポーツなどすべての分野において、マインドフルに取り組むことの下地となっていくのである。

マインドフル・タッチングが子育て脳を鍛える

最後に、日々の子どもとの関わりの中で、つねにマインドフルな心でいるためにはどうしたらよいだろうか。

たとえば、子どもを見る時も、「見ている」と意識して見ることだけでも効果がある。子どもの話を聞く時は、「聞いている」と意識してみる。

自分が子どもと関わっている時の「関わっているチャンネル」に注意を向けることが、日々マインドフルになり続けるために大切なことだといえる。

それを続けているうちに、「意識の向け方を変える」というトップダウンとしての脳の機能が鍛えられて、怒りや不安などの感情に巻き込まれなくなってくるだろう。

さらに、メンタライジングによって、自分の子どもとの接し方に気づくようになり、変化が生じてくる。すると目の前の子どもの心にも気づきやすくなり、自ずから適切な言葉がけや対応をとることができるようになってくる。

つまり、マインドフル・タッチングによって、マインドフルネスにボトムアップの効果を加えることで、その効果を倍増させることができる。マインドフル・タッチングはそれが目的であり、決してマッサージの効果をマインドフルネスに付け加えることではないのである。

だから、子どもがある程度大きくなってきたら、今度は逆に、子どもに触れてもらったり、マッサージしてもらうことにも、相応の効果があるのだ。ぜひ、お互いにマインドフルに触れ合ってもらいたい。

マインドフルネスの助けとして――「慈悲の瞑想」

ここまで書いてきたように、タッチングというのは「相手のことを思って」触れることである。

それは仏教でいう「慈悲」という心に他ならない。

実際に、相手のことを思ったり、相手のために行動すると、オキシトシンが分泌されるが、それも慈悲の心と密接に結びついている。

そこで、マインドフルネスの実践にプラスして、子育て中の人にぜひお勧めしたい「慈悲の瞑想」をご紹介して、この本を終わりにしたいと思う。

まず、「慈悲の瞑想」とマインドフルネスの関係であるが、「慈悲の瞑想」というのは、マインドフルネスそのものとは異なるものであることをご理解いただきたい。

マインドフルネスは、思考からは距離を置いて、感覚に注意を向けるやり方であるが、「慈悲の瞑想」はむしろ、思考に焦点を当てておこなうやり方である点がもっとも異なる。

しかし、両者がまったく別物かというと、そうではない。心を慈悲そのものに誘導することで、結果的にマインドフルネスがやりやすくなるのである。そのため、マインドフルネスの実践者は、マインドフルネスをおこなう前に「慈悲の瞑想」をおこなうことが多い。

子育て中の母親であれば、この瞑想をおこなうことで、子どもや家族への感謝の気持ちが生まれてくるようになるだけでなく、母親自身も、怒りやイライラから距離を置くことができるようになったり、不安や抑うつが低下することが期待できる。

さらには、嫌いな人に対しても慈悲の瞑想をおこなうと、たとえば姑への嫌悪感や憎しみに苦しまなくて済むようになる、といった効果も期待できる。

なぜ、慈悲の瞑想、つまり慈悲の心を持つことに効果があるのか、を少し説明しよう。

人間は誰でも、自分は他者とは異なる唯一無二の存在だと思っているだろう。ところが、この当たり前すぎる考え方を改めて考え直してみると、本当にそうだといえるだろうか。

じつは、「私は」と思った途端、私たちはこの世界から切り離された、特別な、個人的な存在だと思ってしまうことになる。それは結果的に、自分と他とを区別することになってしまう。

区別するということは、他とは切り離されたことになるため、「自分は孤独で小さな存在だ」と感じることになり、そこからいろいろな問題が生じてしまう。

仏教では、人生において生まれてくるさまざまな苦しみや悩みというのは、この「私」という意識から生まれてくると考える。「他人は幸せそうなのに、どうして私だけ惨めなんだろう」「私は母親失格だ」「私は夫とは意見が合わない」などなど、ほとんどの悩みというのは、「私」を主語にしていることがわかる。この「私」という意識、すなわち自我が大きくなると、悩みも必然的に大きくなるという性質を持つ。

あるいは、「姑は口うるさい」といった悩みだったとしても、それは「姑」と「私」を切り離して、姑に怒りを向けるから悩みが大きくなるのであって、自分の心を慈悲で満たしてしまえば、姑も私と同じ人間なんだと捉えて、そこまで嫌わなくても済むようになるかもしれない。

もし自分の中に姑への怒りがあったとしても、自分ではなかなかどうすることもできない。むしろ「私」が怒りをなくそうとすればするほど、その気持ちに心が向いてしまうことになるため、結果的に怒りはさらに大きくなるばかりである。

つまり、「私」という実感さえなくなってしまえば、問題もなくなるといえる。しかしそうはいっても、これはなかなか消えるものではない。夫婦で子育ての意見が異なったとすれば、相手に対して「妻（夫）が『私』の考えに賛同してくれない」と感じるだろうし、子どもがうっかり約束を破った時に、「あの子は『私』との約束を破った。『私』を傷つけた」と感じてしまうだろう。「私」という意識は、いとも簡単に心に生まれてきてしまうのだが、そのことが問題なのである。

人間の悩みというのは、そのほとんどは人間関係から生まれる。だから「私」という自己中心的な意識を小さくする、あるいはなくすことができれば、悩みのほとんどはなくなるのである。

そこで、「慈しみの心」が役立つことになる。私たちは決して、自分一人の力でここまで生きてきたわけではないだろう。まわりの人たちの支えや愛情があったからこそ、ここまで生きてこられたのである。

どんな宗教でも共通して、この「慈しみの心」を説いている。生命はお互いに助け合って生きているということを教えているのである。「慈悲の心」を育てることができれば、さまざまな宗教に共通している真髄を実践できているのだと考えてもよいだろう。

この「慈悲の心を持つこと」「慈悲の瞑想」の効果についても、実証的な研究がいくつかある。ここではその詳細は紹介しないが、自愛の心が育まれることはもちろん、自己批判的な考えが減ったり、不安や抑うつが減ることなども明らかになっている。

それではここからは「慈悲の瞑想」のやり方をご紹介しよう。

やり方

まず、自分自身に対して慈悲の心を作ろう。誰にとっても最優先されるのは自分だろう。自分の良いところ、自分がこれまでにした良かったことを思い出してみよう。そして慈しみを持った自分自身から、普段悩んでいたり苦しんでいる自分自身に向かって、慈しみのフレーズを念じていく。

・私が安全でありますように
・私が幸せでありますように

・私が健康でありますように
・私が安らかに暮らせますように

湧き起こってくる感覚や感情、思考に気づくようにする。そしてまたフレーズを繰り返す。

これらのフレーズは、自分で考えてもよいし、日によって変えてもよい。自分にとって意味のあるものを繰り返すことが大切である。

次に、自分が感謝したり、尊敬している人へのフレーズを念じていく。子育て中の人の場合には、子どもや夫（妻）に対しておこなうとよいだろう。

子どもや夫（妻）が自分にしてくれたこと、良いところを思い出してみる。

そして、次の慈しみのフレーズを、ゆっくりと丁寧に繰り返す。

・あなたが安全でありますように
・あなたが幸せでありますように

・あなたが健康でありますように
・あなたが安らかに暮らせますように

湧き起こってくる感覚や感情、思考に気づくようにする。そしてまたフレーズを繰り返す。

これを毎日10分以上続けているうちに、子どもへのイライラや不安が小さくなっていくことに気がつくだろう。あるいは、夫や妻が自分に向けている愛情に気がつくことができるかもしれない。このような気づきが得られれば、それは自然に慈悲の心につながっていくだろう。

このような慈悲の瞑想に慣れてきたら、最後は、嫌いな人への瞑想をおこなってみよう。

前述のように、嫌いな人への憎しみや怒りといったものは、自分では変えることはできない。また、そのような相手の心や行動を変えようと思っても、そう簡単にはできるものではない。

そこで逆に、自分が慈悲の心で相手を包み込んでしまうことならできる。誤解しないでいただきたいが、それは無理やり相手を許すことではない。相手の言動を許そうとしているのではない。許すことと、相手の幸福を祈ることが違うことは、明確にしておきたい。相手を許すことはできなくても、相手の幸福を祈ることはできるからだ。

自分が嫌いな人を一人思い出そう。

そして、その相手に対して、次の慈しみのフレーズをゆっくりと丁寧に繰り返してみる。

・あなたが安全でありますように
・あなたが幸せでありますように
・あなたが健康でありますように
・あなたが安らかに暮らせますように

最初は、なかなか難しいかもしれない。嫌いな人を思い出すだけで怒りが湧いてきたり、憎しみなどの嫌な気持ちが心を占領してしまうこともあるだろう。しかし、それはそれとして、無理にそのような気持ちを抑圧したり、感じないようにするのではなく、自分はそのように感じるのだ、ということに気づき、そのままにしておき、フレーズだけを繰り返してみる。

これを毎日繰り返していくことで、だんだんと嫌な気持ちは小さくなっていき、慈悲の心の割合が大きくなっていくことに気づくだろう。

この「慈悲の瞑想」は、最初は思考に焦点を当てて唱えていくのだが、続けているうちに、思考すること自体が減っていき、結果的にマインドフルネスの状態、つまり感じる心の働きだけが残っていくことになるのである。

Benn, R., et al., 2012. Mindfulness training effects for parents and educators of children with specific needs. Developmental Psychology, pp. 1476-1487.

Bogel, S. L., et al., 2013. Mindful parenting in mental health care. Mindfulness.

Boozin, R. R., et al., 2005. Adolescents, substance abuse, and the treatment of insomnia and daytime sleepiness. Clinical Psychology Review, pp. 629-44.

Bowlin, S. L., et al., 2012. Relationships between mindfulness, self-control, and psychological functioning. Personality and Individual Differences, pp. 411-415.

Branstetter-Rost, A., et al., 2009. Personal values and pain tolerance: does a values intervention add to acceptance?. J.Pain, pp. 887-92.

Brewer, J. A., et al., 2011. Meditation experience is associated with differences in default mode network activity and onnectivity. Proceedings of the National Academy of Sciences of the United States of America, 108(50), pp. 20254-20259.

Buchheim, A., et al., 2009. Oxytocin enhances the experience of attachment security. Psychoneuroendocrinology, pp. 1417-1422.

Coleman, K. P., et al., 2003. Maternal self-efficacy beliefs, competence in parenting, and toddlers' behavior and developmental status. Infant mental health Journal, pp. 126-148.

Dumas, J. E., et al., 2005. Mindfulness-based parent training. Journal of Clinical Child and Adolescent Psychology, pp. 779-791.

Duncan, L.G. et al., 2009. A model of Mindful parenting: implications for parent-child relationships and prevention research. Clin Child Fam Psychol Rev. 12: 255-270.

Farb, N., et al., 2007. Attending to the present: mindfulness meditation reveals distinct neural modes of self-reference. SCAN, pp. 313-322.

Fernando, R. Measuring the efficacy and sustainability of a mindfulness-based in-class intervention. http://www.mindfulschools.org/

Hasenkamp, W., et al., 2012. Mind wandering and attention during focused meditation. NeuroImage, pp. 750-760.

Hölzel, B., et al., 2010. Stress reduction correlates with structural changes in the amygdala. SCAN, pp. 11-17.

Kabat-Zinn, J. 2013. In touch with your skin. Mindfulness, pp. 392-393.

Kerr, C. E., et al., 2011. Effects of mindfulness meditation training on anticipatory alpha modulation in primary somatosensory cortex. Brain research bulletin, pp. 96-103.

Killingworth, M. A., Gilbert, D. T., et al., 2005. A Wandering Mind Is an Unhappy Mind. Science, pp. 932.

Kuyken, W., et al., 2015. Effectiveness and cost-effectiveness of mindfulness-based cognitive therapy compared with maintenance antidepressant treatment in the prevention of depressive relapse or recurrence (PREVENT): a randomised controlled trial. The Lancet, pp. 63-73.

Morhenn, et al., 2012. Massage Increases Oxytocin and Reduces Adrenocorticotropin Hormone in Humans. Alternative Therapies, pp. 11-18.

Pace, T., et al., 2009. Effect of Compassion Meditation on Neuroendocrine, Innate immune and behavioral responses to psychosocial responses. Psychoneuroendocrinology, pp. 87-98.

Shibata, M., et al., 2012. Broad cortical activation in response to tactile stimulation in newborns. Developmental Neuroscience, pp. 373-377.

Simpson, J., et al., 1992. Support Seeking and Support Giving Within Couples in an Anxiety-provoking situation. Journal of Personality and Social Psychology, pp. 434-436.

Singh, N., et al., 2010. Mindfulness Training for Parents and Their Children With ADHD Increases the Children's Compliance. Journal of Child and Family Studies, pp. 157-166.

Stanko-Kaczmarek,, et al., 2016. Effects of Tactile Sensations during Finger Painting on

Mindfulness, Emotions, and Scope of Attention. Creativity research Journal, pp. 283-288.

Stotter, A., et al., 2013. Mindfulness-based touch therapy and mindfulness practice in person with moderate depression. Body, Movement and Dance in Psychotherapy, pp. 183-198.

Wells, A., et al., 1990. Panic disorder in association with relaxation induced anxiety. Behavior Therapy, pp. 723-280.

ヘイズ、Ｃ．Ｓ．、他（２０１４）『アクセプタンス＆コミットメント・セラピー（ＡＣＴ）第２版』星和書店。(Hayes, C.S., et al., 1999 Acceptance & Commitment Therapy Guilford Pr.)

杉浦義典（２００８）「マインドフルネスにおける情動制御と心理的治療の研究の新しい方向性」『感情心理学研究』（Ｐ１６７－１７７）。

大屋覚（２０１４）「育児期の母親のストレス低減にインターネットを用いたマインドフルネスの介入が及ぼす影響」『早稲田大学人間科学研究』。

吉益光一他（２０１２）「親子関係とマインドフルネス」『日本衛生学雑誌』（第67巻、Ｐ27－36）。

山口創（やまぐちはじめ）
1967年、静岡県生まれ。早稲田大学大学院人間科学研究科博士課程修了。専攻は、健康心理学・身体心理学。現在、桜美林大学リベラルアーツ学群教授。臨床発達心理士。著書に『子供の「脳」は肌にある』（光文社新書）、『愛撫・人の心に触れる力』（NHKブックス）、『からだとこころのコリをほぐそう』『よくわかる臨床心理学』（以上、川島書店）、『皮膚感覚の不思議』（講談社ブルーバックス）、『手の治癒力』『人は皮膚から癒される』（以上、草思社）、『幸せになる脳はだっこで育つ。』（廣済堂出版）など多数。

子育《こそだ》てに効《き》くマインドフルネス
親《おや》が変《か》わり、子《こ》どもも変《か》わる

2017年4月20日初版1刷発行

著　者 —— 山口創
発行者 —— 田邉浩司
装　幀 —— アラン・チャン
印刷所 —— 萩原印刷
製本所 —— 関川製本
発行所 —— 株式会社光文社
東京都文京区音羽1-16-6(〒112-8011)
http://www.kobunsha.com/
電　話 —— 編集部03(5395)8289　書籍販売部03(5395)8116
業務部03(5395)8125
メール —— sinsyo@kobunsha.com

落丁本・乱丁本は業務部へご連絡くだされば、お取替えいたします。
 ISBN 978-4-334-03985-1

856
視力を失わない生き方
日本の眼科医療は間違いだらけ
深作秀春
世界のトップ眼科外科医、眼科界のゴッドハンドが語る日本の眼科の真実。眼の治療をめぐる日本の非常識、時代遅れを斬る！　生涯「よく見る」ための最善の治療法、生活術とは。
978-4-334-03959-2

857
売れるキャラクター戦略
〝即死〟〝ゾンビ化〟させない
いとうとしこ
愛されて長生きする、キャラクター成功法則とは？「コアラのマーチ」のCMなど人気広告の制作、運営に関わってきた第一人者による、失敗しないキャラクター戦略！
978-4-334-03960-8

858
SMAPと平成ニッポン
不安の時代のエンターテインメント
太田省一
「アイドル」を革新しながら活動を続ける国民的グループ・SMAP。「平成」という社会に受け入れられたその意味と背景とは？　今、一番読むべきエンターテインメント論！
978-4-334-03961-5

859
イ・ボミはなぜ強い？
知られざる女王たちの素顔
慎武宏
日本女子ゴルフ界を席巻し、二〇一六年度賞金女王を最後まで争ったイ・ボミ、申ジエら韓国人ゴルファーたち。彼女たちの実像とその人気の秘密を、日韓横断取材で解き明かす。
978-4-334-03962-2

860
教科書一冊で解ける東大日本史
野澤道生
教科書に書かれていないものは出ない。知識ではなく歴史の本質を問う東大入試の日本史を、高校教員が作った独自のチャートを使って解く。受験勉強、社会人の学び直しに最適！
978-4-334-03963-9

861
結果を出し続ける
フィジカルトレーナーの仕事

中野ジェームズ修一
構成　戸塚啓

青山学院大学駅伝チーム、卓球の福原愛選手らさまざまなクライアントを持つ名トレーナーが、リオ五輪や箱根駅伝秘話、そのストイックな仕事術を大公開。青学原晋監督推薦!

978-4-334-03964-6

862
ワクチンは怖くない

岩田健太郎

インフルエンザや、子宮頸がん……etc. ワクチンにまつわる「結論ありき」の議論を排し、本当に「あなたの健康」をもたらすワクチンとの付き合い方、その本質をすっきり伝授。

978-4-334-03965-3

863
ネットメディア覇権戦争
偽ニュースはなぜ生まれたか

藤代裕之

ヤフー、LINE、スマートニュース、ニューズピックス、日本経済新聞という、スマホに注力するニュースメディアを徹底取材。巨大な影響力を持つネットメディアの未来と課題を示す。

978-4-334-03966-0

864
フリーランス女医は見た
医者の稼ぎ方

筒井冨美

「医者の本音」をカネ抜きで語るな!大学病院からなぜ医師が逃げるか。有能医師はいくら稼ぐか。フリーランス医師はどの科にいるか。100以上の病院を渡り歩く医師の辛口レポート。

978-4-334-03967-7

865
目に見える世界は幻想か?
物理学の思考法

松原隆彦

現代の物理学は、人間の思考を根底から支配している常識を捨て去ることで進展してきた。人間の見た目通りの世界は、本当の世界の姿なのか?数式・図表ナシの物理学の入門書。

978-4-334-03968-4

866

キリスト教神学で読みとく共産主義

佐藤優

ロシア革命１００周年――トランプ大統領の勝利は、労働者階級の勝利か？　世界を覆う格差・貧困。新自由主義＝資本主義が生み出す必然に、どう対峙するか？

978-4-334-03969-1

867

〈オールカラー版〉珍奇な昆虫

山口進

「ジャポニカ学習帳」の表紙カメラマンが綴る昆虫探訪記。潜水して獲物を狩るアリ、幼虫が掌サイズの巨大カブト、砂漠を高速で走るゴミムシダマシ…希少な場面をカラーで堪能！

978-4-334-03970-7

868

シン・ヤマトコトバ学

シシドヒロユキ

よい言霊《ことたま》は、よい結果をもたらす――日本列島の母語「大和言葉」が持つ、人の心や大自然とつながる力とは。日々口遊《くちずさ》むことをお薦めしたい祝詞《のりと》や和歌に加え、伝説や逸話も紹介。

978-4-334-03971-4

869

ルポ　ネットリンチで人生を壊された人たち

ジョン・ロンソン
夏目大　訳

自らの行動やコメントが原因で大炎上し、社会的地位や職を失った人たちを徹底取材。その悲惨さを炙り出すとともに、加害者の心理、個人情報を消す方法までを探る。

978-4-334-03972-1

870

世界一美味しい煮卵の作り方

家メシ食堂　ひとりぶん１００レシピ

はらぺこグリズリー

人気ブログ「はらぺこグリズリーの料理ブログ」を運営する著者による、「適当で」「楽で」「安くて」「でも美味しい」厳選料理レシピ集。家メシ、ひとりメシが１００倍楽しくなるぞ！

978-4-334-03973-8

871

すべての教育は「洗脳」である
21世紀の脱・学校論

堀江貴文

学校は「尖った才能」を潰す〝凡人〟生産工場である。その軛から逃れるには、「好きなこと」にとことんハマればいい。真に自由な生き方を追求するホリエモンが放つ本音の教育論。

978-4-334-03974-5

872

おひとり京都の晩ごはん
地元民が愛する本当に旨い店50

柏井壽

京都のひとり旅で最も難渋するのは晩ごはんではないか——。年間100回以上の「ひとり晩ごはん」を楽しむ京都在住の著者が、足繁く通う店を厳選。出張・旅行で、もう困らない！

978-4-334-03975-2

873

イケてる大人 イケてない大人
シニア市場から「新大人市場」へ

博報堂 新しい大人文化研究所

45〜69歳の大人男性層、および20代の男女若者層に対して行われた「イケてる大人の意識・実態調査」をベースに、どんな行動や態度がイケてるか、イケてないかをあぶり出す！

978-4-334-03976-9

874

育児は仕事の役に立つ
「ワンオペ育児」から「チーム育児」へ

浜屋祐子 中原淳

残業大国・日本の働き方は、共働き世帯が変えていく。「育児経験がリーダーシップ促進など、ビジネスパーソンによい影響を与える」という画期的研究を元に、未来の働き方を考える。

978-4-334-03977-6

875

トランプが戦争を起こす日
悪夢は中東から始まる

宮田律

アメリカ歴代大統領の大きな課題、対中東戦略。しかし、新政権からは「反・嫌イスラム」の発言が相次ぐ。不穏な空気が流れ始めた、アメリカ—中東関係の「危険な未来」を読む。

978-4-334-03978-3

876
天皇125代と日本の歴史
山本博文

天皇を知れば、日本史がわかる。国家が見えてくる。すべての天皇を網羅する東京大学史料編纂所の名物教授による画期的な天皇史。生前退位を知るために今押さえておきたい一冊！

978-4-334-03980-6

877
巨大企業は税金から逃げ切れるか？
パナマ文書以後の国際租税回避
深見浩一郎

超富裕層やグローバル企業に富が偏在する現代。私たちは国際的租税回避問題とどう向き合うべきか。「次なるタックス・ヘイブン」は生まれるのか。新たな社会システムの胎動を読む。

978-4-334-03981-3

878
データ分析の力 因果関係に迫る思考法
伊藤公一朗

因果関係を見極めることは、ビジネスや政策における様々な現場で非常に重要だ。本書では数式を使わず、ビジュアルによって、因果関係分析に焦点を当てたデータ分析の入門を展開する。

978-4-334-03986-8

879
風俗嬢の見えない孤立
角間惇一郎

「断たれるセカンドキャリア」や「なんともいえない生きづらさ」……etc。のべ五〇〇〇人以上の風俗嬢の生の声からわかった、「夜の世界」からみた日本社会の課題とは。

978-4-334-03984-4

880
子育てに効くマインドフルネス
親が変わり、子どもも変わる
山口創

「今、ここ」に意識を向けるマインドフルネスで、子育てが楽になり、心も脳も強くなる――身体心理学者が最新の研究成果を交えつつ、親が、そして子どももできる実践法を紹介する。

978-4-334-03985-1